青少年百科系列丛书 ● 科学探索文库
QINGSHAONIAN BAIKE XILIE CONGSHU ● KEXUE TANSUO WENK

主编◎郭漫

中外秘境玄奇

ZhongWai MiJing XuanQi

在这个地球上，
总有那么一片绝尘净域，美丽得让人闻之倾心、见之钟情。
总有那么一方旷古秘境，神奇得让人如梦如幻、如痴如醉。
还有许多人为建造的宏伟建筑，技艺精湛得震撼人心。
它们都默默地散发着文明的光芒……
地球，这一片七色乐土，丰灿得让人顶礼膜拜！

航空工业出版社
北京

Q前言
Qian yan

　　在这个地球上，总有那么一片绝尘净域，美丽得让人闻之倾心，见之钟情！总有那么一方旷古秘境，神奇得让人如梦如幻，如痴如醉！还有许多人为建造的宏伟建筑，其技艺之精湛震撼人心。它们默默地散发着文明的光芒，传播着古老神圣的思想，照亮了人们的内心，吸引了无数人的目光。地球，这一片乐土，丰灿得让人顶礼膜拜！

　　本书从峡谷洞穴、高山戈壁、江河湖海、风景名胜、文明遗存、原始部落、秘境奇观几部分入手，详细介绍了地球上最具玄幻色彩和最具神秘氛围的地域，如瑰丽的山体、雄伟的山峰、深不可测的海沟、宽广的湖泊、气势恢弘的大潮、世界上最炎热荒芜的沙漠……将大自然的鬼斧神工逐一呈现在读者面前。

　　书中所涉及到的这些地方，是众多探险家、旅行者一生所朝夕向往之处，本书将带您领略一次便捷、新奇和充满魅力的"环球"旅行。在这里，既能感受到意大利比萨斜塔的神奇，也能领略到金字塔的伟岸，还能见识到钱塘江涌潮的澎湃气势……

　　全书以数百幅珍贵的图片相辅助，用通俗易懂又准确优美的语言文字，将每一处名胜古迹和湖光山色都娓娓道来。读来恍若翻阅大自然的私家相册、在与旅友侃侃而谈，于不经意间体会足不出户而知天下的奇妙。

　　本书是一本探索地球奥妙的知识汇编，也可以说是一本旅游手册；既能方便您的出行，也能有助您增长见闻。相信在本书的帮助下，能够令您获得奇妙的体验。

目录
HULU

第5章 / 高山戈壁

第6章 / 峡谷洞穴

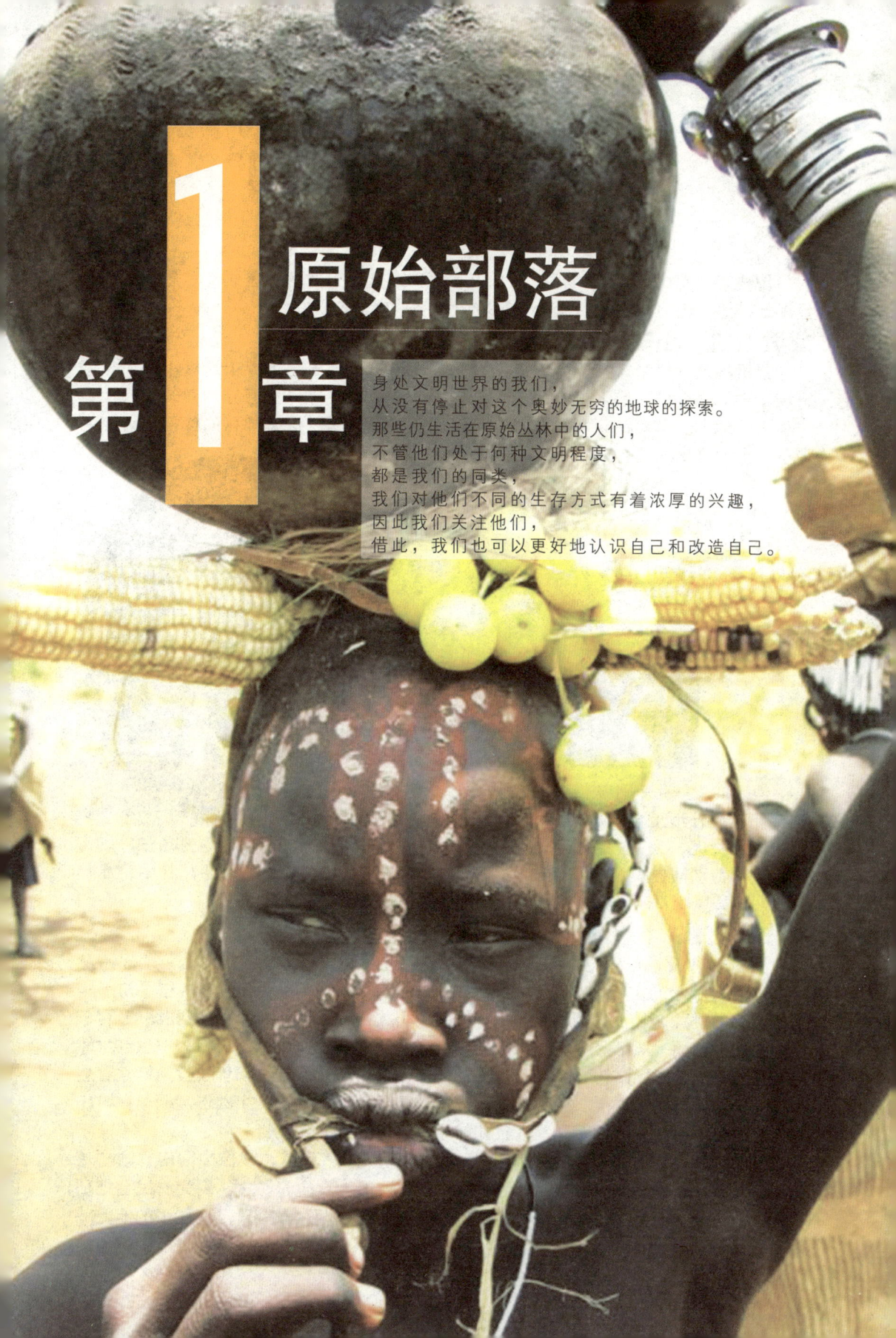

原始部落

第1章

身处文明世界的我们，
从没有停止对这个奥妙无穷的地球的探索。
那些仍生活在原始丛林中的人们，
不管他们处于何种文明程度，
都是我们的同类，
我们对他们不同的生存方式有着浓厚的兴趣，
因此我们关注他们，
借此，我们也可以更好地认识自己和改造自己。

一 神秘的"矮人国"

俾格米人是中非地域的开拓者，中非共和国这片土地的土著居民。然而，历经数千年，他们仍停留在原始社会，过着原始部落生活。

蒙贡坝的"小矮人"

蒙贡坝是俾格米矮人原始部族的聚居地，俾格米矮人是世界上最矮小的人。蒙贡坝是中非南部的一座名城，坐落在乌班吉河畔。一幢幢风格迥异的建筑掩映在绿树丛中，地上绿草茵茵，环境非常幽雅舒适。这一带因生活着神秘的俾格米人而闻名于世。俾格米人没有文字，但他们有自己的独特语言。

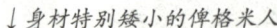
→热带雨林中的俾格米人

↓身材特别矮小的俾格米人

他们的皮肤是一种淡淡的浅棕色，除了身材特别矮小外，在外形上与一般黑人无异。短而弯曲的黑发，椭圆形的脸庞，扁平的额头和鼻子，厚厚的嘴唇向外翻起，在棕色皮肤的映衬下，牙齿显得特别洁白。令人惊奇的是，他们长年累月生活在茫茫的原始丛林中，赤身裸体，任凭风吹日晒雨淋，皮肤却仍细嫩而富有光泽。

林中小村庄

在古木参天、藤蔓遍布的密林深处有俾格米人的"大村庄"。这是茫茫原始丛林中的一块难得的空旷地。高高的热带树似一道绿色的城墙，保护着村庄，树下一丛丛茂盛的香蕉，伸展着巨大的叶片，在微风中摇曳，像一队哨兵守卫在城墙下。

村庄的南面一般都竖立着一排排云梯，它们是用硬木作柱子，再将一根根红木棒用藤条捆在木柱上，高约8~9米，供人们练习攀登之用。空地上稀稀拉拉地挺立着烧得"焦头烂额"的大树干。空旷地上，散落着几十个又矮又小的半圆形窝棚，在村庄的正中间有一幢长方形的茅草屋，犹如鹤立鸡群，特别引人注目。

部落酋长的"宫殿"只是一间极普通、极简陋的茅草屋，就像中国南方的"灰铺"一样简陋（"灰铺"是指农村用来存放各种种田工具的简易房。因为农民会把稻草烧成灰，放在简易房里作为来年的育田的肥料，所以叫"灰铺"）。而屋子的地上一般会有一张特制的席子。这是一张用树皮制作的独特的席子，厚约2厘米，质地柔韧，表面非常光滑。它的制作过程十分奇特，在茫茫的丛林中寻找一种热带特有的树木，将大树的皮从两端横向割断，再用木榔头敲打树皮，使其与木质分离，然后用利刃纵向割一条口子，把薄薄的木签嵌入，慢慢地撬起，将树皮完整无损地剥下来，就成为世界上别具一格的席子。

↑俾格米妇女与孩子们

↓中国旅游者（左）、俾格米人（中）和现代中非人（右）

在酋长"宫殿"的四周，散建着数十个犹如撑在地上的飞伞般的窝棚，这些是村民的住宅。窝棚的建造非常简单，一条条富有弹性的树枝纵横交错，两端插入土中，编织成一个直径 1.5 米、高 1 米左右的半球形的大罩子，用藤条牢牢固定，上面再盖上一层厚厚的香蕉叶、油棕榈叶当作瓦片，即大功告成，整个窝棚的重量估计不过 100 千克。

每个窝棚都在朝"宫殿"的一面开一个约 0.6 米高的方洞，作为住宅的门。俾格米人每天从这个门洞爬进爬出，地面被蹭得光溜溜的。

美妙的矮人舞

俾格米族的男女有明确的分工，男人以狩猎为主，妇女则从事采摘野果，抓蛇捕鱼，种植一些木薯、香蕉等。别看她们身材矮小，头上却能顶几十千克重的香蕉，攀树的技巧也令人惊叹。

俾格米族人身高一般只有 1.3 米左右，1.45 米的就算是部落的"巨人"了，但体重也不过 40~50 千克。别看他们身材矮小，却长得非常结实，与身高相比，他们的手显得特别长，这是长期攀援狩猎生活的结果。他们还喜欢在手臂和胸脯刺花刻纹。全身赤裸的身上似有一层细细的绒毛。

俾格米族人很喜欢跳舞。跳舞前，他们将采来的翠绿香蕉叶平铺在地上，然后又从各自的窝棚（住房）里捧出一包包用干香蕉叶包裹的"化妆品"——红、黄、紫、棕、黑色的泥土。他们将各种颜色的泥土放在香蕉叶上捻细，加少量的水拌成糊状泥浆，涂抹在脸庞、胸脯和手臂上。因为没有镜子，他们不得不互相帮助，做最后的修饰。

参加舞会的成年男女、老人和孩童总共四五十人，随着酋长一挥手，围成一个大圆圈，伴随着长鼓和"利肯贝"（一种用扁平木匣子和钢丝制作而成的古老乐器）的"咚咚""当当"之声翩翩起舞，像一个大型歌舞团在演出。舞者颤动胸部，扭动腰肢，舞步千变万化，面部表情丰富，边歌边舞，节奏愈来愈快，不时还倒地翻滚。缚在臀部的茅草、树枝，犹如尾巴般不断摇摆着，别有一番情趣。

现代化的生活在猛烈地冲击着俾格米人的宁静。随着旅游者纷至沓来，俾格米人的生活也在悄悄地变化着。

荒漠中的"世外桃源"

↑ 克里雅人的居家生活

↑ 克里雅人独特的木屋和特殊的建筑材料

在中国新疆的塔克拉玛干大沙漠深处，有一个神秘的原始村落——大河沿村。据说这个大沙漠中与世隔绝的小村落是个"世外桃源"，那里湖波荡漾，鸟兽成群，居民以捕鱼为生。人人丰衣足食，生活怡然自得。

这个村子名叫达里亚博依村，汉语称"大河沿村"。原始村落的人们究竟处于怎样的生活环境和生存状态呢？

与世隔绝的村落

大河沿村处于塔克拉玛干深处茂密的胡杨林带，有160多户，共700多人，他们属于克里雅人。这个村庄归属于田县加依乡，村子距于田县县城约300千米，沿途沙丘起伏，人迹罕至。居民的粮食和日用品全靠骆驼、毛驴运输。从县城到大河沿村要走8天，若要去最边远的人家，还要走400多千米曲曲折折的沙丘路。这里的居民居住十分分散，只有村委会附近有几户相隔一二千米的人家，大多数人家相距五六十千米。从密集程度来讲，很难将他们划归于同一个村庄。

这个村以克里雅河床为界，分为卡鲁克和加依两个部落，世代以牧猎为生，不谙稼穑，甚至不知五谷为何物，没吃过瓜果蔬菜和糖果。

由于生存环境和物质条件的限制，一二百年来这里的人们始终保持着自己特有的生活方式和风俗习惯。

大河沿村的发现

1896年1月，瑞典探险家斯文·赫定曾闯进这个人迹罕至的大河沿村。斯文·赫定沿着古木参天的河岸一直走到克里雅河的尽头，发现这里不仅有成群的野骆驼在奔跑，而且还是大批野猪的乐园。据说当时有158名牧人在这里放牧，根据斯文·赫定的观察，这些人"各自都不想将来，政府的权力也管辖不到他们。他们生活在一个和外界不相通的沙漠小岛上，成为半野人。"直到1959年政府派人找到他们之时，这里还过着与世隔绝的"桃花源"式生活。

大河沿村的俭朴生活

如今，半导体收音机响亮的声音已传遍这古老的村落，汽车也偶尔会出现在密林深处。现代社会的文明慢慢渗入村庄，但他们仍过着俭朴好客的生活，只要有人来，他们都会以家中最好的食物待客。

克里雅人以食羊肉和面饼为主，用木炭火烤全羊，或用红柳枝为扦烤羊肉串，风味独特。其面饼大得出奇，有的甚至重达一二十千克。这种面饼用麦面或玉米面做成，不用发酵，埋在木炭火中烤熟，然后拍去上面的灰土即可食用了。他们除洪水季节能喝到河里的甜水外，平常人畜饮用的都是咸苦的渗坑水。

他们居住的房屋都很简陋，以圆木排列成墙，上盖房顶，形似木笼。每一户人家都有好几处这样的房子。房子周围很少有院墙。因为这里的人们很淳朴，所以也就没有偷盗凶杀之类的犯罪活动。

在大河沿村基本上没有贫富差别，他们保留着按个人贡献大小分配食物的古老习惯，村落首长和贡献突出的人略有优待，能分得大块馕和羊腿肉。人们的收入主要靠放牧的羊、马、驴、骆驼。此外，他们也到沙漠边缘挖大芸，用这种药材在代销店和私商手中换取商品。

为了改善他们的生活，政府曾希望他们迁到附近的村庄去，但遭到了他们的拒绝，他们习惯在大森林和大沙漠中过无拘无束的生活。

十年动乱后的大河沿村

十年动乱时期，这个克里雅河尽头的地方又被彻底遗忘了。他们对外界发生的事情一无所知，既远隔人类文明，又避开了种种灾祸。

这种状况一直持续到1989年9月，新疆维吾尔自治区的主席前来看望他们，才有了改变。主席走家串户，问寒问暖，送去生活用品，并当即拍板，责成于田县成立乡政府，建立一所寄宿学校，培训医护人员和兽医，解决用电用水等问题，开办邮政所和信用社，这些举措将远离人类视线的克里雅人拉入了现代生活。

这些年来，克里雅河尽头的村落成了中外人士考察寻访的热点，这个封闭的沙漠村落和朴实的居民成了新闻焦点。

远离现代文明的"原始村落"，当它面对外部世界，与现代文明接轨的时候，还能保存自己的单纯吗？

↑美丽腼腆的克里雅姑娘

↑克里雅人的村庄有毛驴，也有汽车和摩托车。

↓克里雅人的房屋上架起了太阳能电板。

一　原始"特种兵"布须曼人

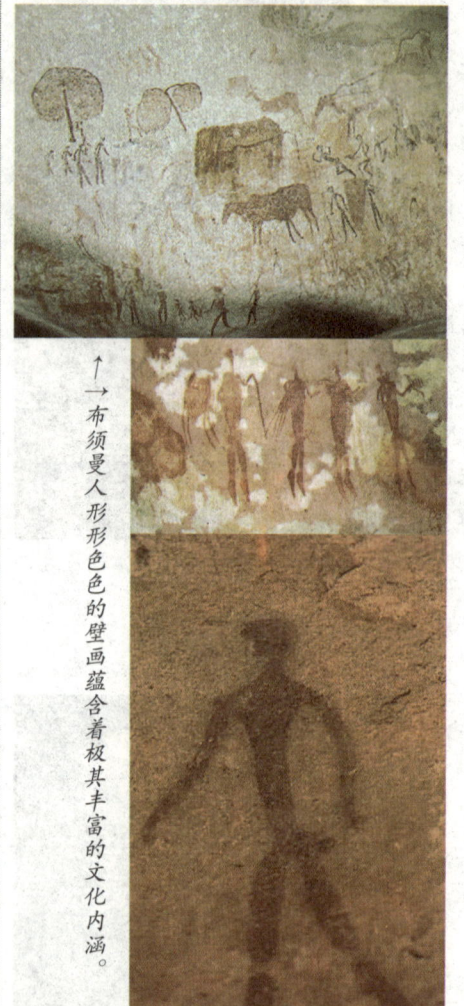

↑布须曼人形形色色的壁画蕴含着极其丰富的文化内涵。

神秘的岩石绘画艺术

非洲原始森林里有一个著名的原始部落——布须曼人。在布须曼人生活的环境当中，形形色色的壁画已经构成布须曼人一种非常独特的生活方式。这些涂在一些岩洞内侧的壁画内容丰富多彩，其中最著名的壁画是在南非境内发现的一组岩石绘画，这组壁画不仅绘有非洲大羚羊等动物图案，还绘有布须曼人翩翩起舞的场景，十分生动。但长久以来，人类对布须曼人为什么要在山洞中绘画感到费解，一些古人类学家曾认为靠布须曼人自己的智慧根本无法创造出这些美妙的艺术作品，一种解释认为这是其他大陆的人类到过非洲所留下的记录；还有一种解释认为这是布须曼巫师在做法事时留下的印记。但以上两种解释都缺乏合理的证据。

近年来，随着对布须曼人研究的深入，越来越多的科学家认为，这些看似简单的绘画作品实际上蕴含着极其丰富的内涵。在布须曼人的绘画作品中，非洲大羚羊出现的频率非常高，而非洲大羚羊并不是布须曼人的主要猎物，更重要的是，在这些绘画作品中，非洲大羚羊已经被刻画成类似鸟类的动物，它已经超出了普通的生活纪实，这说明布须曼人已经具备了抽象思维的能力。这些类似大羚羊的动物已经变成了一种力量的象征，这也就能解释为什么布须曼人的绘画作品中出现大羚羊这种动物，这是他们在用动物图案来表达自己心中的一些想法。

在布须曼人的绘画作品中还经常出现另外的一些场景，如其他一些动物图案和布须曼人翩翩起舞的场景。这些是布须曼人彼此联络的方式，一些对布须曼人比较了解的当地人解释为：因为布须曼人分布得比较分散，部落和部落之间很难彼此见面，他们便创造了这种独特的联络方式。他们告诉其他布须曼部落，这里曾经发生了什么，有什么动物，当其他部落经过这里的时候就知道了应该怎么做。但布须曼人如何选择绘画地点以及如何知道其他部落的行进路线，这恐怕就没有人知道了。

尽管人们对布须曼人的岩石绘画做出了种种解释，但疑问似乎多于结论，也许随着时间的延续，这个谜底最终将会被揭开。

神奇的野外生存能力

布须曼人神奇的野外生存能力给我们留下了深刻的印象。与其他种族相比，布须曼人身材矮小，他们平均身高不到1.5米，体重只有45千克左右。布须曼人头部的形状像人的心脏，五官轮廓近似蒙古人，皮肤则近似蜂蜜的颜色，高颧骨和低眼梢是面部的主要特征，大多数布须曼人稍稍有些驼背。

布须曼人还具备超人的疼痛忍受力，他们能在不使用麻醉剂的情况下接受腿切除手术，然后返回自己的居住地而生存下来。

布须曼人一般是25～30人居住在一起，部落中男子负责狩猎，女子负责采集水果和其他坚果，他们的领地一般在距离水源25千米内。水对于布须曼人极为重要，因此布须曼人具有极强的采集水的能力，他们可以从空心树干、植物的根和茎中收集大量的水供他们日常饮用。平时他们将水储藏在深达3米的地下，这些储藏点位于布须曼人的领地范围内，这样他们在狩猎和采集的过程中就不会缺少水源，从而保证他们在沙漠中不会被渴死。

布须曼人还发明了一种独特的"吮吸井"。他们将草茎埋在地下深深的洞中，几天以后，他们将这些草茎中吸收的水用吮吸的方法收集起来供日常使用。

布须曼男人捕猎的工具十分简单：一根木杖和一把弓箭，但他们的捕猎能力极强。布须曼人的弓由一种韧性很强的树枝制作而成，而弓箭的弦则取材于非洲大羚羊的韧带。布须曼人的箭头经毒液浸泡过，毒性极强，且没有解药。在狩猎时，通常是两个成年男子为一组。多年的狩猎生活使他们在走路时几乎没有一点声音，当发现猎物时，他们彼此用手语告知对方猎物的位置。当距离猎物约30米时，他们同时用弓箭射向猎物，然后再循着动物受伤后留下的血迹寻觅猎物。由于箭头蘸有剧毒，受伤的动物通常不会跑得太远，被找到后布须曼人用木杖抬着猎物凯旋而归。

↑肤色近似蜂蜜的布须曼人

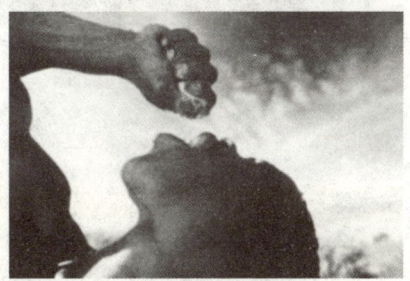
↑布须曼人正在饮用植物中的水分。

↓捕到猎物凯旋而归的布须曼人

↑沙漠中和睦的布须曼人一家

↑布须曼人是非洲南部最古老的一支部落，他们独特的行为举止充满了神秘色彩。

布须曼人

布须曼人居住在非洲纳米比亚的马林塔尔地区，大部分部落至今仍生活在原始状态下。布须曼人可谓现代世界最原始的民族，早在3万年前，他们的祖先就已是非洲大地的主人。目前，这个民族的人口仅剩下不足9万人，除纳米比亚外，他们还散居在邻近的南非和博茨瓦纳等地。"布须曼（bushman）"其实是荷兰殖民者起的名字，意为林中人，而布须曼人自称为"巴萨瓦人"。除种植少量农作物外，他们主要以采集果实和狩猎为生，随着季节变化和猎物增减而迁移。布须曼人身材矮小，有的女人只有1.38米左右，而男人最高不超过1.60米。布须曼人没有私有财产，所有劳动成果均属部落成员共有。

原始的生活习俗

由于生存环境恶劣，布须曼成年妇女一般每4年生育一次。布须曼人发明了一种独特的植物避孕方法，防止意外怀孕。婴儿出生后，母亲会根据周围的水塘为婴儿命名。新生儿一般长到8个月左右开始走路，而母乳喂养时间长达4年。

部落中的男孩从孩提时就开始接受一些技能训练，这些训练包括投掷木棒和其他一些必备本领。女孩2~6岁时便被许配给一些年长的男孩子，但布须曼人严格禁止近亲通婚。8岁时，女孩开始学习采集食物和烹饪技术，这时男孩和女孩开始生活在一起。

但是，只有当男孩第一次捕杀到大的猎物并经过成人仪式后，男孩和女孩间的这种婚姻形式才正式被部落所接受，而真正的夫妻生活要等到女孩经过成人仪式后才能进行。

死亡在布须曼部落里面是一件大事，死者会被整理成胎儿的形状，并被包裹着下葬。如果母亲因生产而死亡，新生的婴儿也将随母亲一起被埋葬。布须曼人的墓地一般深1.5米，呈南北走向，死者的遗物被打碎后摆放到其他地方，不随死者埋葬。

布须曼人部落的组织体系比较松散，决策体系采用投票制，尊重大多数人的意见。当部落决定迁移时，男人收拾好狩猎工具，女人领着儿童、带着家用品和水，迁移非常有秩序，每天行进的路程可以达到32千米。

未来的生存空间

布须曼人顽强的野外生存能力是现代社会学习的典范。南非政府为了训练特种部队的野外生存能力，专门开设了"布须曼"课程，请布须曼人进行示范。另外，布须曼人的生活方式也为古人类学的研究提供了极佳的素材。随着现代文明的逐渐侵入，布须曼人的生存空间越来越狭小，目前仅存于博茨瓦纳境内的布须曼人数量也在急剧减少。很多专家担忧，随着时间的推移，布须曼这个民族最终会在非洲消逝，我们期望着更多人参与保护布须曼人，保护非洲难得的原始色彩。

一　密林"隐者"印第安人

印第安原始部落一直以神秘著称。由于他们所处的地理位置复杂，外界一直很少有机会与他们接触。

深藏密林深处

在南美洲亚马孙河重要支流内格罗河沿岸，有一片非常隐蔽的森林，阿里亚乌印第安人原始部落就隐藏在这片森林中。这是一个只有 20 人左右的特殊的原始部落，部落里的印第安人分别来自于与巴西和哥伦比亚接壤的边境地区的 5 个部落，他们共同组成了这个大家庭。

一个高大的用木材和树叶搭成的建筑物，是印第安部落的标志性建筑物，它可用来举行祭祀等仪式。这个用作祭礼的草棚子是部落的主要建筑物，建筑物周围是族人居住的草棚，但面积都较小。整个部落居住面积占地约 1000 平方米。

在这个部落里，除了上述建筑物外，还有一个公用的厨房和一个供未成年女孩居住的草棚。部落周围是一望无际的热带雨林，各种高大的树木成了部落的"围墙"和"栅栏"。外面的人很难想象在那样的密林深处还有人类生存。

祭礼

印第安人的祭祀活动很神秘。祭祀活动在那个草棚子"大礼堂"里举行。礼堂没有窗户，只有一个入口，光线非常暗。

印第安人在举行祭礼的时候，部落男女老少全部参加。男人一边用自制的乐器吹奏着印第安音乐，一边有节奏地起舞，女人则为男人伴舞。其自制乐器全部为管乐器，乐曲风格独特。

↑身穿传统衣着的印第安人

↑如今的印第安人仍保留了一些古老习俗。

↑印第安人的祭祀活动

↑印第安人在河中设置的用于捕鱼的机关

↑印第安人的典型装束

鳄鱼肉和果汁

祭礼结束后，族人将事先烤好的一整条鳄鱼连同炉灶和架子一同抬到门外。一个健壮的部落男人将烤得漆黑的鳄鱼头顶在自己头上，绕场一周。接着人们开始分吃烤好的鳄鱼肉。

他们用自种的甘蔗和菠萝制作的果汁味道也很不错，甜甜的还略带一点儿酸味。印第安人也抽烟，当然这些都是他们自制的烟卷。

印第安人把这些食物给客人食用是他们表示友善的方式。

充实的生活

除了农作物外，鱼是部落的主要食物。在居住地附近的水域，他们将很多根木棒并排插在水中，中间留有一个空隙，空隙后面是一排木棒围成的圈，这就是他们用来捕鱼的机关。别小看这些机关，只要鱼从这个空隙钻进去就别想再逃走。全部落的晚饭就靠这个机关了，捕得多大家就多吃点，捕得少就只让孩子们先吃。除了鱼类之外，他们有时也捕食鳄鱼及其他小动物。

部落音乐

印第安人在举行仪式或唱歌跳舞时，全身上下都涂上黑色和红色的各种花纹。花纹除了用来表示自己来自哪个部落和装饰以外，不同年龄的人，身上的花纹还象征着不同的意义和社会地位。孩子身上的花纹一般表示"健康"、"平安"之类的意思。成年人身上的花纹则表示自己的职业和身份，比如乐手和演奏家。

印第安男人头上都戴着用羽毛做成的、很有讲究的头圈。酋长的头饰不仅样式和别人的不同，而且羽毛也有别于其他人。当酋长有事离开部落时，只有他的儿子才可以戴他的头饰。

尽管这些印第安人也享受巴西政府提供的医疗卫生服务，但一般情况下他们都使用自己从森林里采制的草药治病，效果很好。由于森林里常有毒蛇出没，毒蛇常常进入他们的房子里，他们专门研制了一种对付毒蛇的药物。被毒蛇咬伤之后，只要马上把这种药物涂抹到伤口上就可以起到立竿见影的效果。他们还利用森林里的药用植物自制一些专门对付蚊虫的药。这些药物同样非常灵验，一旦将药物放在屋里，任何蚊虫都不再靠近他们。

由于印第安人没有文字，无法将他们的传统文化记录和保留下来，不少音乐已经不复存在。再过若干年后，是否还有人会做这种乐器都很难说。

一　入载吉尼斯世界纪录的峰岩洞村

　　在中国云南省文山壮族苗族自治州广南县南屏镇，有一个神秘的洞穴村落，该地的村民大多穴居在洞中。

　　该洞名叫峰岩洞，隶属于南屏镇安王办事处，距广南县城约 120 千米，坐落在一个山坳的山腰间。从远处看，峰岩洞口像一个大张着的青蛙嘴，周围的石壁上显示着雨水冲蚀的痕迹，要不是洞口附近能看到零星分布的几户人家，很难令人相信这是一个居住着 50 多户人家的村落。

峰岩洞的地理环境

　　峰岩洞处在地形复杂的喀斯特山区，直到现在仍然没有公路可直通村里。在洞口外一片不太宽敞的地上，横列着几座石墓，洞口正前方有一个用石头砌成的大水池。这大概是峰岩洞村的人畜饮水池。绕过水池，站到洞口，俯视洞里，整个峰岩洞一览无余，只见用篾笆、泥巴建筑的房屋错落有致地排列在洞内。因为是在洞里，无风雨吹淋之忧，大多数房屋都没有屋顶。从屋中抬头仰望穹形洞顶，只见倒悬的钟乳石已呈现墨色，那是长年累月烟熏火燎的结果。

　　峰岩洞洞中有滴水，白天还有一段时间可以照到太阳，这样就具备了人们生存的最基本的条件。

　　白天，洞里阴暗潮湿。夜晚，洞中更加阴冷，抬头只能看到被烟熏黑的穹顶，不可能看到星星，自然谈不上遥望星空的感受和遐思，大家最多就是坐在有黑白电视机的人家里看那只有一两个频道的电视节目，而妇女们则坐在昏暗的灯光下做那永远也做不完的针线活。

↓进入洞内，村庄渐收眼底。

峰岩洞人的生活

峰岩洞里现今有 56 户人家，共 300 余人。除近年搬出洞外的几户人家外，全部穴居洞中。洞中除人居住外，还厩养有牲畜，因而目前洞内已显得相当拥挤。

↑峰岩洞漂亮的小学

峰岩洞是一个农业生产相当落后的村落，在那里，最常见的一些生产生活用具，要么是木制、竹编的，要么是石头打制的，全村除有两台电动碾米机外，粮食加工大多还靠石磨。由于每年人均收入太低，有时只够用来买点粮食和盐，因此根本无法添置其他物件，除房产、牲畜以外，有台缝纫机已算是那里的有钱人家了。

贫穷并没有令他们自私自利，相反峰岩洞人朴实厚道。在洞中，村民们和睦共处，互相帮助，正像一位村民所说："岩洞使我们有了很强的凝聚力，大家不仅能和睦共处，而且能共同分担困难，共同寻求发展。"

↑当地居民奇特的洞内生活

这里的村民平时忙完地里的活后，还帮人家做做石匠活，但即便如此，也只能勉强解决温饱。而对于有剩余劳动力的家庭来说，一般都是选择外出打工。一年半载才回来一趟，打工挣来的钱大都积攒下来，作为今后搬出洞外盖新房之用。

峰岩洞人的文化

落后的经济并没有让峰岩洞人忽视对文化的学习。村民们对文化教育相当重视，其文化、教育的发展水平在安王办事处所辖的 9 个村寨中，甚至在南屏镇中，都可算中上水平。峰岩洞旁边最好的建筑就是学校，在那里，每个到读书年龄的孩子都可进学校读书，一直可以读到小学毕业。至于再往上读，就要视家庭的经济情况而定了。到目前为止，他们已有了自己村中本科毕业的医生。后来在政府的帮助下，这里通了电，并架设了电视卫星转播天线，通过电视，使村民缩短了与外界的距离，使村民不再有与世隔绝的感觉。

峰岩洞的水

峰岩洞是一个自然资源极度匮乏、生存环境非常恶劣的贫困村。在那里，维持人类生存的三大要素水、土、阳光都极其缺乏。当初迁入洞中居住的几户人家，仅靠岩石的滴水就可维持生产、生活之用，但随着人口的不断增加，岩石滴水已远远不能满足人们的生活用水需要，人们只有靠自然降雨。

在峰岩洞地区，雨水较充沛，但由于渗漏严重，蓄水相当困难。为了生存，人们便在洞外约 2000 米远的山坡上掘石挖井，但所挖井水，也只够从九月到翌年二三月间的需用，之后几个月又得靠岩石滴水了。

在峰岩洞，每家每户的房顶上都有一根顶端带有用树皮做成漏斗的竹竿，这是

用来接岩石滴水的。在洞中，几乎家家都有一口带盖、上锁的井。说是井，其实只不过是家家户户用来代替水缸积水、存水的地下水坑罢了。为了把岩石滴水引到井中，井区布满了长长短短、纵横交错的竹槽和大大小小的水漏。岩石滴水的水质较好，村民一般不轻易取用，除非到了洞外实在无水可取时，才视其所需定量取用。

从峰岩洞到洞外水井挑水，人们来回一趟需要花 10 多分钟。如果遇到干旱，井水干涸，则要到几十里以外的地方去驮水，来回一趟需一天时间。因此，在这里，水是非常珍贵的。

1990 年，在当地政府的帮助下，村民们集资出力，自行设计建成了一个人畜饮水蓄水池，暂时解决了峰岩洞人畜饮水难的问题。但由于所蓄水量有限，村民们从不浪费一滴水。

峰岩洞的生态环境

↓峰岩洞人凭吊故人的墓地

峰岩洞周围到处是"石骨"嶙峋的岩石，岩石之间偶尔有一两块可以用来耕种的旱地，最大的一块就是洞前山坳的一块，约 10 亩，按户分配，每户约一二分地。其余一些零星分散的地，几乎都是夹在石缝中。

由于可耕种的土地少，峰岩洞人便不断地砍伐周围树木开垦荒地、荒坡。开荒种地的面积不断扩大，森林也逐步消失殆尽。目前除部分山头尚存少量树木外，绝大多数已成荒山。森林是防止水土流失的天然屏障，失去森林，也就失去了良田。如今，峰岩洞的土地，除最大的那块还算得上是基本解决了排涝问题外，其余的土地每年都要受到山洪淹没的威胁。整个村子的土地少得可怜，每年收获的粮食远远不够吃。

为了解决温饱问题，峰岩洞人不愿意放弃哪怕是只有巴掌大的一块地，在石缝中，在每一个石坑中，到处可见村民们栽种的玉米和红薯。为了改造山地，村民们一有空便撬石垒地，甚至从几十里以外的地方背土来筑台。

峰岩洞人是勤劳的，他们每天天不亮就起床干活，直到太阳落山才收工回家，真可谓是"日出而作，日落而归"。但就是这样辛苦劳作，也仍然填不饱肚子。毕竟峰岩洞的生态承载力已达到极限，无论村民们多么努力，也摆脱不了贫穷和落后，过去那种靠破坏生态资源维持得较理想的生活，最后也会遭到大自然的遗弃甚至惩罚。

另外一个影响峰岩洞人生存的问题是：峰岩洞中局部地区每天大约会有 4 小时的日照，多数地方则长年累月见不到阳光。由于洞寒阴冷，极容易患风湿病。

尽管峰岩洞的文化、教育在政府和社会的帮助下有了一定的发展，但其经济水平越来越落后，生活也越来越艰难。

关注峰岩洞人，帮助峰岩洞人，现在已成了全社会的问题。

一 与世隔绝的图瓦人

↑ 幸福的图瓦人一家

↑ 图瓦人的尖顶小屋

↑ 图瓦人饲养的家畜

与世隔绝的图瓦人居住在中国西北部最边缘的山脉深处，该地处于俄罗斯、蒙古、哈萨克斯坦接壤的地方。

图瓦人的基本特征

图瓦人有着典型的蒙古族特征。但是，他们的语言中另带有古突厥语成分，以至于其他的蒙古人听不懂他们的语言，可他们却能听懂其他蒙古人的语言。

图瓦人不穿传统的蒙古族服装，但仍保持着许多蒙古族的习俗。他们为什么放弃游牧生活，而且还操起了古突厥语成分很大的语言呢？在历史上，蒙古族很少定居农耕，他们有的也曾试图脱离游牧生活，但由于他们所处的地带是难以永久居住的，而且耕稼定居所积的房产财物极易招致游牧民的妒羡并遭其劫掠。但图瓦人还是定居了下来，至于其中的奥秘，没有人能说清楚。

图瓦人的食物

俗话说"靠山吃山　靠水吃水"。靠着水草丰茂的喀纳斯，图瓦人世代过着吃穿不愁的日子。他们的经济收入主要靠畜牧。他们每年都能向从山下来的商人们出售五至十只羊，两三头牛。动物的皮毛也可以卖钱。在水草丰茂、极少天灾的喀纳斯，放牧根本不成问题，但要使牲畜度过漫长的冬季，就要储存充足的饲料并加以细致照管。

图瓦人大多种植大麦和燕麦，也种一些他们自己吸食的浓烈呛人的烟草。马肉是他们最爱吃的肉食，肉纤维虽然粗一些，但味道很香，酒是他们生活的润滑剂。

在深秋时节，图瓦人会到山上打松籽。山里盛产的贝母、柴胡、虫草等药材也是他们采集的对象。他们还可以在喀纳斯湖里捕捉到大红鱼，在山上打到松鼠、狼、雪豹和狐狸等猎物，打猎不仅能给他们带来野味，解决缺粮的难题，也能给他们带来可观的经济收入。

图瓦人的未来

自从 200 多年前图瓦人东奔西走的祖先在喀纳斯定居下来之后，他们就一直在这儿过着安天乐命的生活。

尽管喀纳斯土地肥沃，物产丰富，图瓦人不愁吃不愁穿，但他们的生活方式已经隐藏着对他们不利的因素，实际上跟那些被他们不停地猎杀的动物一样，他们面临着灭绝的危险。

由于长期生活在封闭的喀纳斯，邻近只有游牧迁徙、宗教信仰不同的哈萨克族，此外，再也没有其他种族，图瓦人为了延续后代，就只能近亲结婚。而这样的行为不仅影响到他们的人口素质，也使其人口数量急剧

↓图瓦人的居住地在冬季也风景如画

下降。政府为了改变他们的这种状况，曾想方设法将他们迁到山下，给他们盖了土房，圈划了牧场，但他们并没有安分地融入这个高度文明的社会，而是很快又自行返回山上，回复到从前日出而作、日落而归的简单生活。

因为没有欲望，所以他们都很满足现状，他们从来就没有想过"山穷水尽"的一天。因为他们并不穷，有的人家虽然家徒四壁，生活很简单，但他们有值钱的牛羊和马鹿，有足够的酒。有这些就足够了。

在寒冷的冬季，大雪封山长达 5 个月之久，他们便只能窝在家里，用烈酒打发每天长达十六七个小时的黑夜。他们不需要电，也不需要电视或其他现代文明，他们只要酒，只爱酒，男女老少都喝酒。他们把酒亲切地称为"阿拉干"，对他们来说，富有就等于有"阿拉干"喝，但是 10 年、20 年、30 年后，他们还能不能有"阿拉干"喝、有马鹿捕捉呢？如果他们无法像今天这样自给自足地生活，他们又将去向何方？这些问题他们也许都没有想过，可是，这些问题将来都可能会发生。那么，若干年后，图瓦人还会存在吗？现在没人能下定论，一切只能让时间来证明。

↓吹木笛的图瓦老人

十 "大嘴"穆尔西人

↑ 穆尔西妇女的大盘子嘴

↑ 极为奇怪的风俗：嘴盘越大的女孩越美

居住在埃塞俄比亚西南部的奥莫河流域的穆尔西人是世界上最原始的部落之一，现在约有 5000 人。

主要习俗

穆尔西人是半耕半牧的民族，居无定所。穆尔西人中有很多职业小偷，他们的父母鼓励孩子从小就去偷抢。

穆尔西大多数男人的前胸、后背、胳膊和大腿上都用尖刀划满了刀痕，一条刀痕代表杀过一个人，身上的刀痕越多越受人尊敬。为了偷牛或抢媳妇，部落间的拼杀"塑造"了很多这样的"英雄"。

穆尔西人过着自由的生活，他们没有领导者，只有遇到要与外族决战时才开全族大会，讨论到大家意见完全一致时就算做了决定。他们做决定前通过看牛肠子来占卜吉凶。他们从中到底能看出什么名堂，外人不知。穆尔西人信仰万物有灵，喜欢通过预言判断事情。

独特的大盘子嘴

在埃塞俄比亚有不少奇特的风俗，穆尔西部落妇女的大盘子嘴就是埃塞俄比亚独特的风俗之一。她们从 10 岁开始往嘴里放盘子。穆尔西女人的嘴里能放下直径十几厘米大的盘子，把嘴撑得大大的。盘子型号不同，但都是泥土烧制或用木块做的。平时放在嘴里，吃喝时才摘下来。开始往嘴里放盘子前要动一个小手术，用小刀将下嘴唇和牙龈之间切开一个口子，使下嘴唇与齿根分离。然后，先放一个小盘子把口子撑开，使其不能愈合，日后逐渐将小盘子换成大盘子。这个痛苦的过程伴随着女孩成长为妇人。

奇异的审美标准

穆尔西人以大嘴为美、为荣，这个传统的由来已无法考证。但人类学家研究说，这个传统有三种解释：一是古时人们为防止外族入侵者或奴隶主看上本族的姑娘，故意把她们打扮得吓人以保其纯洁；二是防止魔鬼从嘴进入身体；三是女子美丽的标志。嘴里的盘子越大，姑娘的身价也越高。

心理学家解释说，人类有一种自残的本能，越原始的民族表现得越明显。自残的潜意识是要显示自己的存在和与众不同，保护自己不被历史淹没。

一 与严寒"共舞"的因纽特人

"爱斯基摩"一词是由印第安人首先叫起来的，即"吃生肉的人"。因为历史上印第安人与因纽特人有矛盾，所以这一名字显然含有贬意。因此，相当多因纽特人人并不喜欢这一名字，而将自己称为"因纽特"或"因纽皮特"人，在爱斯克特兰语中即"真正的人"之意。因纽特人都是矮个子、黄皮肤、黑头发，这样的容貌特征和蒙古人种相当一致。近年来的基因研究发现，他们更接近西藏人。

↑ 防寒保暖的冰屋

因纽特人经历了 4000 多年的历史，是从亚洲经两次大迁徙进入北极地区的。由于气候恶劣，环境严酷，他们基本上是在死亡线上挣扎，能生存繁衍至今，实在是一大奇迹。

他们必须面对长达数月乃至半年的黑夜，抵御零下几十摄氏度的严寒和暴风雪；夏天奔忙于汹涌澎湃的大海之中，冬天挣扎于漂移不定的浮冰之上；仅凭一叶轻舟和简单的工具去和地球上最庞大的鲸拼搏，用一根梭镖甚至赤手空拳就去和陆地上最凶猛的动物之———北极熊较量。一旦打不到猎物，全家人、整个村子，乃至整个部落就会有饿死的危险。因此，应该说在世界民族大家庭中，因纽特人无疑是最强悍、最顽强、最勇敢和最坚韧不拔的民族。

因纽特人给人的印象都是遥远、神秘、原始而且不开化的，现在我们走进因纽特人的生活甚至是宗教领域，来更深入地了解北极这块神奇土地上的土著居民。

→因纽特人的『储备粮仓』—北极动植物

→因纽特人在捕鲸。

→因纽特人制作的面具

因纽特人的冰屋

冰是冷的象征，人们一提到它，就会不寒而栗。但是，在冰雪凛冽的冬天，生活在北极圈里的因纽特人，却凭着用冰块儿垒成的房屋，熬过严寒的冬天。

在北极圈内，有取之不尽的冰，又有用之不竭的水。每当冬天到来之前，因纽特人都要建造冰屋。他们就地取材，先把冰加工成一块块规则的长方体，这就是"砖"，用水作为"泥"。材料准备好以后，他们在选择好的地方泼上一些水，垒上一些冰块，再泼一些水，再垒一些冰块。前边不断地垒着，后边不断地冻结着，垒完的房屋就成为一个冻结成整体的冰屋。这种房屋很结实，被誉为因纽特人令人羡慕的艺术杰作。

因纽特人的冰屋是怎样起到保暖防寒作用的呢？

首先，由于冰屋结实不透风，能够把寒风拒之屋外，所以住在冰屋里的人，可以免受寒风的袭击。其次，冰是热的不良导体，能很好地隔热，屋里的热量几乎不能通过冰墙传导到屋外。

再次，冻结成一体的冰屋没有窗子，门口挂着兽皮门帘，这样可以大大减少屋内外空气的对流。正因为如此，冰屋内的温度可以保持在零下几摄氏度到十几摄氏度，这相对于屋外的零下五十几摄氏度，要暖和多了。

因纽特人穿上皮衣，在这样的冰屋里完全可以安全过冬。当然，冰屋里的温度比起我们冬天的室内温度要低得多，而且冰屋里也不允许生火取暖，因为冰在零摄氏度以上就会融化成水。

因纽特人的狩猎活动

在北极地区狩猎是因纽特人的"特权"，或者说，是因纽特人的传统生活方式。他们世世代代以狩猎为生。在格陵兰岛北部，他们在冬夏之交猎取海豹，6~8月以打鸟和捕鱼为主，9月猎捕驯鹿。而在阿拉斯加北端，全年以狩猎海豹为主，并在冬夏之交猎取驯鹿，4~5月捕鲸。

因纽特人的娱乐活动

　　因纽特人除了跳舞、唱歌、讲故事、举行节日庆祝活动之外，还会做多种多样的游戏，其内容可以说是丰富多彩。这些游戏中有小孩玩的，也有适合各成年段玩的。有一些游戏和流行在世界各地的游戏相同，如捉迷藏、跳绳、儿童玩的捉人游戏等。

　　他们也有类似棒球和足球的运动。阿拉斯加西南地区还有非常近似冰球和棍球的游戏。但禁忌繁多的因纽特人玩游戏时也要受到限制，有些人或有些游戏在某个特定时间是不能玩的，否则会被认为触怒神灵，引起灾难。

　　因纽特人的娱乐活动如同现代体育比赛一样，也有室内、室外活动之分。拉手指、上肢角力、下肢角力和拉耳朵的运动，可以在很小的空间展开。因纽特人玩的室内腾跳游戏非常有趣，难度也相当大。游戏者必须双脚起跳，在空中用脚踢触挂在高处的东西，然后双脚着地落下。早先没有关于这方面的记录，1970 年的男子最高纪录为离地面近 3 米，女子纪录为 2 米多一点。

← 强壮的因纽特男人（上）与和善的因纽特老妇人（下）

　　因纽特人还有一种独特的娱乐方式——交换伴侣，这种娱乐主要盛行于东部地区，西部则较少。因纽特男人不会把自己的妻子与陌生人交换，但是好朋友之间有时交换妻子，特别是在漫长黑暗的冬季或长时间的暴风雪天气中。格陵兰岛东部的因纽特人将这种游戏称为"吹灯"。

坚韧顽强的因纽特人

　　北极地区恶劣的生存环境使因纽特人养成了随遇而安的性格。在这种环境中，无疑是一种积极的人生观。尤其在每年 11 月底至第二年 1 月的时间里，北极圈以北地区终日处于极夜的黑暗之中，真可谓长夜漫漫。因纽特人却把这段可怕的时间变成节日，竭尽所能来弥补大自然的不足。

　　在物质贫乏的情况下，他们总能找到解决的办法，从容豁达地面对现实。在缺乏木材的地区，如果人们要制造雪橇，就用海象牙一块一块地刻成一定的形状，然后将它们绑在一起做成雪橇。如果连海象牙都没有，人们就将海豹皮卷起来，浸湿了冻结后，像绑木头一样将它们绑起来当雪橇。没有木材做燃料，他们就用海豹油，没有海豹油，就用鱼油，什么燃料都没有，他们就生吃食物。似乎没有什么困难能难住他们。

　　外界认为人类难以生存的荒凉、贫瘠的土地，因纽特人却称它为"美丽的大地"。这的确是一片美丽而神秘的大地，几千年来，外界对它几乎一无所知。直到近几个世纪开始，探险者和开拓者的足迹才开始踏进这片辽阔无垠的冰雪世界，吵醒了它几千年宁静的梦。

十 走向消亡的雅诺马米人

↑逐渐被了解的雅诺马米人

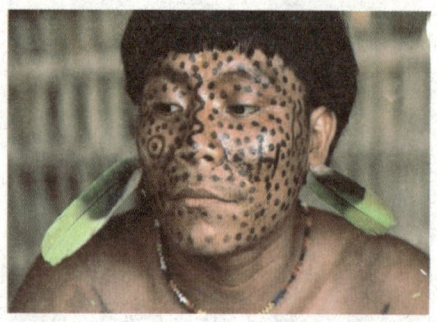

↑雅诺马米人着装简单，身体及脸上都绘有图案。

在巴西北部和委内瑞拉南部，生活着一个充满原始风情的印第安部落——雅诺马米人。雅诺马米人在险象丛生的密林里，繁衍了几千年。猛兽没有将他们灭绝，毒蛇没有让他们消亡，一代又一代的雅诺马米人秉承着好战的习性，用原始武器弓箭保护着他们的家园，延续着雅诺马米种族。一代又一代的雅诺马米人在亚马孙河畔过着与世无争的日子。

但进入 21 世纪后，他们的日子不再平静，甚至有走向消亡的危险。是什么原因让一个延续了数千年的种族走向消亡呢？

军队挤压生存空间

巴西是一个地广人稀的国家，在它广阔的土地上，因为人口稀少的缘故，许多地方都处于不设防状态，这对于保护一个国家的领土安全是一个隐患。这一问题也让巴西政府伤透了脑筋。为了尽可能地改变这种状况，巴西政府推行了一项新计划，准备在亚马孙河北部的丛林地区建造基地，驻扎军队。这样做的结果必将挤压一些原始部落的生存空间。

巴西国防部长杰拉尔多·魁恩特认为人们指责巴西军方破坏印第安人家园的做法是错误的。他认为，印第安人和军队之间的紧张局势，一是因为印第安部落进行了系统的、有组织的宣传鼓动，二是有人专门和军方作对。

现在，大约有 1.5 万名雅诺马米人生活在巴西，1.2 万人生活在委内瑞拉。他们虽然好战，但面对现代化的军队，他们只能接受被欺凌的命运。

巴西军队的到来使雅诺马米部落遭受到严重的破坏。据雅诺马米部落一个叫大卫·科伯纳瓦的发言人介绍，仅一个小部落就有 18 个孩子是士兵和部落妇女偷情所生。

在 2002 年巴西国会人权委员会提交的一盘录音带里，一个 18 岁的女子这样说："在他给了我丝线和食物作为礼物后，我同意和那个当兵的发生性关系。"看来物质的诱惑力远远大于原始的道德操守。

对于士兵和雅诺马米部落女人有染一事，巴西国防部长杰拉尔多·魁恩特的说法是："没什么大不了的，他们都是成年人，你情我愿，别人没有必要干涉。"面对质疑，他又说："一段关系持续两三年，恐怕不能说是性虐待吧？这样的事的发生再正常不过了，阻止他们就是阻止人类的本性。"

↑ 同样爱美的雅诺马米女孩

↓ 即将走向消亡的雅诺马米人

军人的进入将导致种族灭绝

在巴西士兵没有进入雅诺马米人部落之前，雅诺马米人从未对外通婚，并且部落的纯粹性受到巴西法律的保护。而今，部队进入后，在一个 143 人组成的村落里，就生活着四五个混血儿。混血的孩子造就了一场文化的困境。

一旦雅诺马米人和白人通婚，他们的后代就会被当作 Caboclo。Caboclo 是葡萄牙语里的一个词语，是指巴西的印第安人和白人混血儿的后裔。Caboclo 不属于土著人，因此无法享受巴西政府给予土著人的特殊待遇和保护。

困扰雅诺马米人的是：这些孩子长大后，他们到底该归哪一边？和他们的父亲一道过白人的生活？那他们就不再是印第安人。

这样的形式不禁让人担忧，这个部落还能存在多久？

让部落头领担心的是，白人和雅诺马米人通婚，会带来部落里从没见过的疾病。

更让部落头领头痛的是，士兵们还使出各种招数吸引男人参军。因为军方对无路可走的热带丛林深感头疼，急需熟悉当地气候的向导和侦察兵，而雅诺马米人是完成这些任务的最佳人选。

面对日益趋向消亡的文化，逐渐迷失的归属感，雅诺马米部落头领和其他印第安部落一道，准备保护自己，阻止军队建立更多的基地。他们认为，修建这些基地是违犯宪法的行为。根据巴西法律规定，印第安人享有这些土地的"独家使用权"。

对此，军方辩解说："国家安全高于印第安人的权利。"

事态如何发展，很难预料。为种族生存挣扎的雅诺马米人面对的将是一条充满荆棘的道路。勿庸置疑的是，尽管他们的生活方式和现代文明不兼容，若一旦在外力压迫下消失，将是现代文明的又一个悲哀。

第2章 文明遗存

那些颇为神秘的历史遗迹，
总是含有无法估量的历史价值，
总是无比强烈地吸引着我们探索的脚步。
历史的遗迹无声地诉说着过去发生的一切，
我们只有不断探寻这些珍贵的历史遗迹，
才能更多地获知逝去的一切。

一　地下王国秦始皇陵

秦始皇陵位于中国北部陕西省临潼城东 5 千米处的骊山北麓。建于公元前 246—公元前 208 年，历时 39 年，是中国历史上第一个规模庞大、设计完善的帝王陵寝。

陵区分陵园区和丛葬区两部分。陵园大体呈回字形，内城垣为 1300 米×578 米，外城垣为 2173 米×974 米。内陵园的南部尚保存高 76 米、底部 485 米×515 米的夯土陵丘。

↑秦陵铜马车，被誉为中国古代的"青铜之冠"。

历年来，在陵园附近发现了很多文物。1974 年在陵园外城以东 1225 米处发掘了属于陵园的陶俑坑，出土大批兵马俑。这些兵马俑排列有序，造型生动，比例适当，面部刻画尤为精致，反映了古代雕塑艺术的成就。1980 年，在陵丘的西侧发现两具铜马车，工艺高超，是罕见的古代金工杰作。

古代为了对死去的帝王举行祭祀，往往在墓旁建造寝庙。在庙内放置死者的衣冠、牌位，又围绕陵墓建筑城垣，以备守护，这就是所谓的"园寝"。这种设园建寝的制度也是从秦朝开始的。秦始皇陵的特别之处是它筑有内外两重夯土城垣，象征着都城的皇城和宫城。陵冢位于内城南部，呈覆斗形，现高 51 米，底边周长 1700 余米。据史料记载，秦陵中还建有各式宫殿，陈列着许多奇珍异宝。秦陵四周分布着大量形制不同、内涵各异的陪葬坑和墓葬，现已探明的有 400 多个。

←↓陶驭手俑

↓秦始皇陵规模庞大，气势恢宏。

↑展览厅内展示的跪射俑

↑三号坑相对较小，兵马俑数量也不多，因为这里是指挥部。

《史记》中对陵丘地宫及陈设也有记述。地宫极其深邃而坚固，它不但砌筑上"纹石"，堵绝了地下的泉流，而且还涂有"丹漆"，起到了防潮的作用。墓中建有宫殿及百官位次，放满珠玉珍宝，燃烧着用人鱼膏（据说是一种四脚鱼，似人形，生活在东海中）做的蜡烛，永久不灭。设有防备盗墓而自动发射的弩机暗箭。灌注水银，如同江河大海围绕，以机械转动，川流不息。墓中上面象征日月星辰，下面象征山川地理等。实际上是一个被搬入地下的人间世界缩影。

经过对陵园区域探测，考古工作者发现：来自秦始皇陵封土之下的水银浓度比周围地区偏高。同时发现秦始皇采用了先进的排水系统来保护地宫，这些排水系统至今仍在一些现代建筑的地基建设中被采用，如中国国家大剧院。

秦始皇陵考古工作队从 1998 年到 2003 年对秦始皇陵进行研究，同时也发掘了部分陪葬墓，后来，这项工作因缺乏资金而中断。

兵马俑坑是秦始皇陵的陪葬坑，位于秦陵陵园东侧 1500 米处。目前已发现 3 座，坐西向东呈品字形排列，并出土仿真人真马大小的陶制兵马俑 8000 件左右。陶俑神情生动，形象气宇轩昂；陶马造型逼真，刻画精致自然。

兵马俑是秦国强大军队的缩影，布局排列气势凛然。兵马俑陪葬坑均为土木混合结构的地穴式坑道建筑，像是一组模拟军事队列、旨在护卫地下皇城的"御林军"。从各坑的形制结构及其兵马俑装备情况判断，一号坑象征由步兵和战车组成的主体部队，二号坑为步兵、骑兵和车兵穿插组成的混合部队，三号坑则是统领一号坑和二号坑的军事指挥所。

秦始皇陵是世界上规模最大、结构最奇特、内涵最丰富的帝王陵墓之一。秦始皇陵兵马俑是可以同埃及金字塔和古希腊雕塑相媲美的世界人类文化的宝贵财富，而它的发现本身就是 20 世纪中国最壮观的考古成就。它们充分表现了 2000 多年前中国人民巧夺天工的艺术才能，是中华民族的骄傲和宝贵财富。

一　饱经风霜的赤壁古战场

赤壁是东汉末年曹操和孙权、刘备鏖战之地。赤壁之战的结局形成了三国鼎立的局面，影响深远。后代文人墨客常以赤壁为题，托物咏志，抒发思古之幽情。从唐代李白始，至元朝吴师道止，有文章记载的咏史作者就有 14 人之多，所作诗、词、曲、赋中，颇不乏名篇传世。虽然如此，可对于赤壁古战场的地理位置究竟在哪里，诗人们似乎不甚了解。

北宋苏东坡在黄州（今湖北黄冈市）所作的脍炙人口的《念奴娇·赤壁怀古》也只是说"故垒西边，人道是、三国周郎赤壁"，对于黄冈城外的赤鼻矶是否就是赤壁古战场，并没有明确说明。而"人道是"所指之"人"实际上是唐代诗人杜牧，他写下了脍炙人口的名作《赤壁》："折戟沉沙铁未销，自将磨洗认前朝。东风不予周郎便，铜雀春深锁二乔。"诗中就是他黄冈城外的赤鼻矶看作古战场的。然而，赤鼻矶的地理位置既不在樊河上游，也不在大江之南，与史书所载不合，并非真正的古战场。可见，不是杜牧搞错了地方，定是文人借题发挥，因而以讹传讹，使大文豪苏东坡也坠入云里雾里。

然而，对于古战场赤壁的位置，近代的看法同样是扑朔迷离。高中语文第一册《赤壁之战》和第四册《念奴娇·赤壁怀古》中的注释为："赤壁，地名，一般认为在现在湖北省嘉鱼县东北，长江南岸。"

有一种为课本服务的《中学语文教案》却说："赤壁原本解释为'在现在湖北省嘉鱼县东北'，其实这种传统的说法不一定正确，它的位置应该在蒲圻县西北的赤壁公社所在地。"

两种说法，莫衷一是。有时在同一本书上，关于赤壁古战场的地理位置也出现了互相矛盾的说法。赤壁究竟在何地？长期以来是学术界感兴趣的问题。由于对文献记载理解不同，有如下一些观点：

有人认为即今湖北蒲圻市（现改为赤壁市）西北赤壁山，北对洪湖县龙日乌林矶。唐朝李若甫《元和郡县志》中说："赤壁山，在蒲圻县西八十里，一名石头关。北临大江，其北岸即乌林，与赤壁相对，即周瑜用黄盖策焚曹操舟船败走处。"

↑ 据传，这里就是当时赤壁之战的战场。

↓ 黄冈赤壁

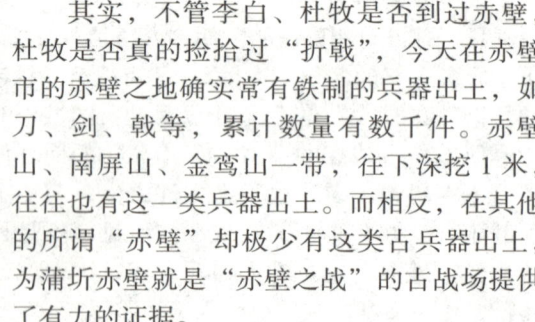

↑赤壁市的赤壁山

↑古人所画的《苏轼泛舟赤壁》

今天大多数学者认为，赤壁之战的赤壁的确应是《元和郡县志》中所说的赤壁，也就是位于今湖北赤壁市西北36千米，长江南岸的赤壁山，隔江与乌林相望。相传由于赤壁之战时，孙权、刘备联军在此用火攻大破曹操战船，当时火光冲天，照得江岸崖壁一片彤红，"赤壁"由此得名。

由于赤壁在我国军事史上十分重要，所以咏吟赤壁的诗句相当多。大诗人李白就曾有《赤壁歌》一首："二龙争战决雌雄，赤壁楼船扫地空。烈火冲天照云海，周瑜于此破曹公。"

其实，不管李白、杜牧是否到过赤壁，杜牧是否真的捡拾过"折戟"，今天在赤壁市的赤壁之地确实常有铁制的兵器出土，如刀、剑、戟等，累计数量有数千件。赤壁山、南屏山、金鸾山一带，往下深挖1米，往往也有这一类兵器出土。而相反，在其他的所谓"赤壁"却极少有这类古兵器出土，为蒲圻赤壁就是"赤壁之战"的古战场提供了有力的证据。

在江汉之间，共有5处赤壁，分别在赤壁市、武昌、汉阳、汉川、黄州（唐以后治所即今黄冈市）5地。在今湖北黄冈市的西北角赤鼻山下的是与蒲圻赤壁齐名的"东坡赤壁"，又名黄州赤壁。《黄州府志》载："岩石屹立如壁，其色赤，亦称赤壁。"黄州赤壁形态酷似一只赤色的象鼻伸入江面，所以又有"赤鼻矶"之称。正如前文所述，蒲圻赤壁是"赤壁之战"的赤壁，这已为大多数学者所赞同。为了区别于蒲圻的三国赤壁，早在清代，画家郭朝祚便在此特意书写了"东坡赤壁"4个大字。

"东坡赤壁"因苏东坡而得名。北宋元丰二年（1079年），苏轼被贬黄州任团练副使。因政治上的失落，自号"东坡居士"。他在黄州生活了四年零三个月，多次游览赤鼻矶，有感而作，写出了《念奴娇·赤壁怀古》和《前赤壁赋》、《后赤壁赋》，这样黄州赤壁一时名列湖北五赤壁之冠了。

苏轼

苏轼是中国北宋文学家、政治家、思想家、书画家。字子瞻，号东坡居士。眉州（今四川眉山）人。父苏洵、弟苏辙都是著名文学家，世称"三苏"。嘉祐年间进士，任凤翔府签判，主张改革弊政。神宗时反对变法，但在密州、徐州上任期间抗洪灭蝗、赈贫救孤，颇多政绩。后以"谤讪朝廷"贬黄州。哲宗时任翰林学士，出知杭、颍、扬、定四州。徽宗初遇赦召还。诗、词和散文都代表北宋文学最高成就。

↑北宋大文学家苏轼雕像

一　神诡的三峡"八阵图"

三峡地区有观赏不尽的奇景美色，其中最为中外游客所熟悉的当数巫山神女峰、兵书宝剑峡、牛肝马肺峡等，而最充满神秘色彩的当数"八阵图"了。

诸葛亮的八阵图和他的木牛流马一样，充满了神奇色彩。八阵图究竟是什么？自古以来人们对此众说纷纭，莫衷一是，却又乐此不疲，争论不休。

相传诸葛亮所设八阵图有4处，陕西勉县境内、四川新都境内及重庆奉节城东江边的水八阵和重庆白帝城东北杜甫草堂附近的旱八阵（草堂八阵）。而之中最闻名的是奉节的水八阵。

水八阵位于三峡的东端，在奉节与白帝城之间。乍看平庸无奇，好像是离岸边不远的一片沙洲，上面有一堆一堆的石迹。关于八阵图有一段神奇的传说：三国时，诸葛亮为了抵御东吴大将陆逊的入侵，曾在此布下八阵图。凡入阵者，顿觉云雾缭绕，天昏地暗，耳间似有千军万马与号角喊杀之声，使人望而却步。

千百年来，无数诗人凭吊八阵图遗迹，写下怀古诗篇，其中最有名者应属杜甫的"功盖三分国，名成八阵图。江流石不转，遗恨失吞吴。"从历史上看，诸葛亮确曾到过奉节地区。东汉建安十七年（公元212年），诸葛亮率军西上入川，曾经过这里；11年后，他又赴白帝城永安宫接受刘备托孤的重任。据说他当时在江滨碛坝之上，推演兵法，作八阵图。

历史上究竟有没有八阵图？如果有，八阵图的具体内容究竟如何？八阵图作为中国古代军事思想的辉煌成果，它不可能一下子消失得无影无踪，曾经在历史上有过重大影响的八阵图，或多或少总会有蛛丝马迹可寻的。千百年来人们对这个问题一直怀有浓厚的兴趣，但至今仍然还是一个谜。

旱八阵遗址

↑ "旱八阵"位于杜甫草堂东行2千米处，其阵为犬牙交错的山形，四周沟壑纵横，悬崖绝壁，地形复杂。

水八阵遗址

↑ "水八阵"即在奉节老县城东沙滩上，今江水已涨，"水八阵"已没入水底。

←诸葛亮，三国时期杰出的政治家、战略家、发明家、军事家。

中国的 "比萨斜塔"

↑斜而不倒的护珠塔

在我国上海市西面的松江区天马山上，有一座斜而不倒的塔——护珠塔。塔高 18 米，倾向东南方向，倾斜度为 6° 59′ 59″，超过意大利著名的比萨斜塔，成为一大奇观。

护珠塔，北宋元丰二年（公元 1079 年）建于圆智教寺后，是一座 7 层八角形的砖木结构楼阁式宝塔，各层有腰檐、平座、栏杆。南宋淳祐五年（公元 1245 年）重修。清乾隆五十三年（公元 1788 年），因作佛事，燃放爆竹，引起火灾，烧毁了塔心木、楼梯、腰檐等各层木结构，仅存砖砌塔身。

传说古代造塔时，砖缝里填有铜钱，一方面为了使砖层平整、宝塔坚固，另一方面，出于迷信，认为可以镇妖避邪。因而后来不断有人在塔砖中寻找铜钱，把塔砖拆掉，致使塔的底部毁坏，引起塔身倾斜。二百多年来，塔身虽倾斜，却始终屹立在天马山之巅，斜而不倒。究其原因，众说纷纭。

第一种说法，根据地质结构分析，天马山上护珠塔建造在沉陷不匀的地基上，东南方向土质较弱，西北方向土质较强，塔于是向东南方向倾斜。但浙江一带多东南风，护珠塔造在天马山顶，四周空旷，所受风力影响更强，在塔的倾斜力与风力相平衡时，护珠塔能迎风挺立，斜而不倒。

第二种说法，根据古代建筑技术来解释，是古代造塔技术的高超所致。古代用糯米汁拌以桐油、石灰，来黏合砖块。这种黏合剂的强度不亚于现代的水泥砂浆，据说使用这种黏合剂的建筑，时间愈久愈坚固。

第三种说法是一种民间传说，塔是向东南倾斜的，而在塔的东南面有一株古银杏树，它是"松郡九峰"的辰山仙人彭素云在 500 年前种植的，树的枝叶皆西向。后来树虽枯死，但它依靠神力，对护珠塔遥相支撑，所以使塔不倒。这是一个美丽的神话，仅是人们的良好愿望，当然不足为信。

尽管解说众多，但人们了解到的事实是：在乾隆年间斜塔遭大火焚烧后的二百多年中，无数次狂风暴雨，把山下的房屋都吹倒了；1954 年刮 12 级台风时，吹倒了塔下的大殿；1984 年黄海地震，上海市区的房屋几乎都摇摆震动……但是护珠塔却仍突兀地挺立在天马山巅，犹如一把利剑，直刺青天，迎风屹立，岿然不动。为什么护珠塔能在天马山巅屹立不动呢？这是不是同地球上的神秘地带有关呢？这一切都还有待于进一步研究。

十一 "哭泣"的圆明园

　　中国以苏州园林为代表的园林艺术举世闻名，但能够真正代表中国园林艺术的是被称为"万园之园"的圆明园，如果它还和 140 多年前一样富丽堂皇的话，这座超巨型园林就是当之无愧的"世界园林之王"了。它集东西方园林艺术于一园，是世界上规模最大、艺术水平最高的园林。令人悲愤的是，它被侵略者焚毁了。

　　人们习惯上所称的圆明园实际上是由圆明、长春、绮春（后改名"万春"）三园组成，总面积达 347 公顷。圆明园是我国园林艺术的瑰宝。陆上建筑面积约 16 万平方米，比故宫还多 1 万平方米，外围周长约为 10 千米。园内珍藏着许多古今中外的孤本秘籍、艺术奇珍等。它融合了世界建筑的艺术特点，中西合璧，堪称一绝。

　　圆明园从 1709 年开始营建，至 1809 年基本建成。此后的嘉庆、道光、咸丰三朝屡有修缮扩建，共历时 150 多年。三园分别有垣墙相隔。前为万春园，后面两园并列，左为圆明园，右为长春园。圆明园是一座水景园，水面占全园面积一半以上，有些景观的命名，直接以水为主题。

　　圆明园从某种意义上来说是一种集锦式园林。在山环水绕之中，分布着 145 个景区，汇集了当时江南若干名园胜景的特点，融我国古代造园艺术精华，以"园中之园"的艺术手法，将诗情画意融于千变万化的景象之中。圆明园中有 50 多处引进仿建了各地许多独具特色的小园林，如"平湖秋月"、"苏堤春晓"、"三潭印月"、"曲院风荷"等，都来自于杭州的西湖十景，不仅模仿建筑，连名字也照搬过来。还有仿桃花源的"武陵春色"、仿庐山的"西峰秀色"、仿狮子林的"叠石迷宫"、仿瞻园的"茹园"、仿孤山放鹤亭的"招鹤蹬"等。圆明园中还建有西式园林景区，里面的许多景物具有意大利文艺复兴时期的风格，在方河中还有一个威尼斯城模型。长春园最北边有一组西式宫殿建筑，是乾隆时期根据西方传教士郎世宁的设计，由中国匠师精心建造的。

↓见证中华民族近代屈辱历史的圆明园

圆明园大致分为 5 个区：

第一区在最南面，是宫廷区。宫廷区有一条很长的南北轴线，最前面是大宫门，经贤良门至正大光明殿，殿后为万寿山，山后临前湖。这条轴线两侧建筑对称布置，而且殿宇高大辉煌，具有宫廷的庄严气氛，这组建筑是举行朝会、皇帝接受朝贺之所。东侧是皇帝批阅奏章、召见大臣们的地方。

第二区在宫廷区的正北面，是以后湖为中心的居住游玩区。此区的布置形式如同是在宫廷区的中轴延长线上围绕一个巨大的花环，这个大花环就是一些小水道划分开的 9 个岛屿，每个岛上的建筑与其他各岛都不相同。

第三区是与后湖东侧相毗连的福海区。福海是圆明园中最大的水域。福海的中央有 3 个以桥梁连在一起的大小不同的方形岛。岛上琼楼玉宇，是模仿唐朝大画家李思训《仙山楼阁》的画意修建的，取名"蓬岛瑶台"。

↑ 圆明园的雕刻

第四区是后湖北面和西北面的大片地区，这里水道纵横，将土地划分成大小极不规则的形状，布置成许多风景点，再利用水道将它们连接起来。

第五区是北墙外的狭长地带，其间有两道墙分隔，划分成 3 个大小不同的空间，但有水流贯通。

圆明园不仅是中国封建时代建筑艺术的结晶，而且也是世界罕见的博物馆和艺术馆。

1860 年，圆明园被英法联军抢掠一空并放火焚毁。从此，圆明园便沉浸于屈辱、悲愤与痛苦之中。

一 规模宏大的紫禁城

故宫，又称紫禁城，位于北京市中心。故宫是明清两代的皇宫，始建明永乐四年至十八年（公元1406—1420年），呈长方形，南北长961米，东西宽753米，由大小70多座宫殿组成，建筑面积约15万平方米，占地72万平方米。从明朝第三个皇帝朱棣起到清朝的末代皇帝溥仪止，先后有24个皇帝在这里登基即位。故宫是世界最大的宫殿，也是我国面积最大、保存最完整的古建筑群。

故宫外围是一条宽51米、深6米、长3800多米的护城河，河内由高10米、周长3000多米的城墙环绕。

城的四角各耸立着一座平面呈十字曲尺形、结构复杂（有72条屋脊，俗称九梁十八柱七十二条脊）、造型别致的角楼。城墙四面

↑明朝时绘制的北京宫殿图

都有门，南有午门、北有玄武门（清改为神武门）、东有东华门、西有西华门。自正门午门到玄武门形成一条贯穿南北的中轴线，它同北京城的中轴线相吻合，主要宫殿、重重庭院和宫门依次分布在这条中轴线上，东西对称，井然有序。

↓规模宏大而规整的紫禁城

↑太和殿（清朝始称）

故宫从建筑布局上大体可以分为两大部分，南为工作区，即外朝；北为生活区，即内廷。

外朝是皇帝处理政事的地方，主要有三大殿：太和殿、中和殿、保和殿，三大殿均建于三层汉白玉台基上。三大殿是整个故宫的重心，其中又以举行朝会大典、俗称"金銮殿"的太和殿最为重要。

从大清门到太和殿，必须穿过5座大门和6个形状、尺度不一的庭院，其正面还有一个面积约3万平方米的正方形大广场，宏大而威严。皇帝登基、大婚、册封、命将、出征等都要在太和殿里举行盛大仪式，其时数千人"三呼万岁"、数百种礼器钟鼓齐鸣，极尽皇家气派。太和殿后的中和殿是皇帝出席重大典礼前休息和接受朝拜的地方，最北面的保和殿则是皇帝赐宴和殿试的场所。

三大殿之后为内廷，内廷包括乾清宫、交泰宫、坤宁宫以及东西两侧的东六宫和西六宫、东西五所，这是皇帝及其嫔妃居住的地方，俗称为"三宫六院"。乾清宫是皇帝的寝宫，其后的坤宁宫是皇后的寝宫。两侧的东六宫和西六宫是嫔妃的住所。东西五所是皇子的住所。在居住区以北还有一个小巧别致的御花园，是皇室人员游玩之所。御花园内，亭台楼阁、翠柳苍松、奇花异石，在森严的宫廷气氛中别有一番生机和情趣。

↑宁寿宫花园（后称乾隆花园）建筑布局精巧，组合得体，是宫廷花园的典范之作。

整个故宫建筑群按中轴线对称布局，在主轴上，用连续对称的封闭庭院形成逐步展开的建筑序列，层次分明，主体突出。

关于故宫里一共有多少间房屋的问题，多年来一直困惑着人们。有人说是9999间，还有人说是9999间半。那么这半间屋在哪里？半间屋又是怎样出来的呢？人们所说的半间屋实际上是指文渊阁楼下西侧的那一小间。文渊阁西侧这间，面积颇小，仅有一座上下楼用的楼梯。文渊阁一反紫禁城房屋多以奇数为间的惯例，采用了不讲对称的偶数，但又为了布局上的美观，这一间建造得格外小，于是才有半间房之说。

故宫里的房屋到底有多少间？据实地测算有8700多间。

↑夕阳下的故宫箭楼

一 "万里长城永不倒"

万里长城是我国古代一项伟大的防御工程。它凝聚着我国古代人民的智慧，体现了我国古代工程技术的非凡成就，也显示了中华民族的悠久历史。

长城被誉为世界七大奇迹之一，并且被列入《世界文化遗产名录》。它就像埃及的金字塔、柬埔寨的吴哥窟、印度的泰姬陵一样，成为国家民族的象征。

与那些古老遗迹不同的是，长城并不是在某一个朝代、由某一个君主建造的，它的"故事"绵延几万里，横亘数千年。从春秋时期到明朝末年，中华大地经历了多少沧海桑田的变化，而修筑长城的决心和行动却始终没有动摇、停止过。在国人心中，长城更是一种文化和历史的化身。

长城修筑的历史

长城修筑的时间最早可上溯到公元前9世纪的西周时期，当时周朝统治者为了防御北方游牧民族的袭击，曾筑连续排列的城堡"列城"来作为防御措施。

春秋战国时期，各诸侯国割据争霸，根据各自的防守需要，在自己国土的边境上修筑起长城，以此来防御其他诸侯的攻击。

公元前7世纪，楚国最先修筑了长城，其后齐、韩、魏、赵、燕、秦等大小诸侯国都相继修筑长城以自卫。这时长城的特点是东、南、西、北方向各不相同，长度较短，从几百千米到一二千千米不等。为了和后来秦始皇所修筑的"万里长城"相区别，史家称之为"先秦长城"。

公元前221年，秦始皇统一天下，建立了中国历史上第一个封建集权的国家。为了防御北方强大游牧民族——匈奴的侵扰，巩固帝国的安定，秦始皇便大兴土木，开始修筑长城。

↓蜿蜒一万余里的万里长城

这一动工便给当今中国乃至世界留下了伟大的文明古迹。秦朝长城"西起临洮，东至辽东，蜿蜒一万余里"，从此便有了"万里长城"的称号。

自此以后，凡是统治中原地区的朝代，几乎都要修筑长城。汉、晋、北魏、东魏、西魏、北齐、北周、隋、唐、宋、辽、金、元、明、清等十多个朝代，都不同规模、不同程度地修筑过长城，其中以汉、金、明三个朝代修筑的长城规模最大，都达到了 5000 千米或 10000 千米。清朝康熙时期，虽然停止了大规模的长城修筑，但后来也曾在个别地方修筑长城。可以说自春秋战国时期开始到清代的 2000 多年间，一直没有停止过对长城的修筑。

长城的防御工程建筑

经过 2000 多年的不断修筑，在长城的防御工程建筑上，人们积累了丰富的经验。

首先是在布局上，早在秦始皇修筑万里长城时就总结出了"因地形，用险制塞"的经验。2000 多年一直遵循这一原则，成为军事布防上的重要依据。

其次在建筑材料和建筑结构上，以"就地取材、因材施用"为原则，创造了许多种结构方法。有夯土、块石、片石、砖石混合等结构；在沙漠中还利用了红柳枝条、芦苇与沙粒层层铺筑的结构，可称得上是"巧夺天工"的创造。

人类历史的奇迹

长城连续修筑时间之长、工程之大、施工之艰巨、历史文化内涵之丰富，确是世界其他古代工程所难以比拟的。

↑长城的美是一种人造与自然的契合之美。

伟大的民主革命先驱孙中山评论长城时说："中国最有名之工程者，万里长城也。工程之大，古无其匹，为世界独一之奇观。"

美国前总统尼克松在参观长城后说："只有一个伟大的民族，才能造出这样一座伟大的长城。"

因此说，长城作为人类历史的奇迹，列入《世界文化遗产名录》是当之无愧的。

↑长城雄关——嘉峪关

↑长城的要塞——山海关

一 旅游圣地避暑山庄

　　避暑山庄位于河北承德，这里山奇水美，气候宜人，是清朝皇帝的行宫。避暑山庄始建于清代康熙四十二年（公元 1703 年），占地约 5.60 平方千米。门内九重院落组成的正宫，肃穆淡雅，是皇帝日常起居、处理政务的重地。避暑山庄和北京故宫同是清代皇家宫院，但是避暑山庄里的建筑不像故宫那样金碧辉煌，而是全部罩以灰瓦，这是为什么呢？

　　康熙体恤民情，提倡节俭，以"勤俭可以兴邦，奢侈可以亡国"的道理来勉励自己。正因为如此，康熙在修建承德离宫时，提倡以朴素淡雅为主要建筑格调，遂下令将这里的所有建筑全部以灰瓦罩顶。最能体现他这一思想的，便是避暑山庄的正殿"澹泊敬诚殿"。

　　当年，康熙皇帝过生日，正式接见文武大臣、国内少数民族王公贵族以及外国使节等的所谓"大典"，都在此殿举行。殿顶为灰瓦，天花板及门窗全部为楠木雕刻。殿内的"宝座"上方高悬"澹泊敬诚"匾额，这四字体现了康熙严以律己的节俭思想。"澹泊"二字可解释为恬淡寡欲，没有奢望，而"敬诚"二字便可引申为只有在宁静之中才能修身、养德，达到远大的目标。

　　为尊重各民族的宗教信仰，避暑山庄周围建起了汉、蒙、藏不同风格的寺庙，俗称"外八庙"。清政府在这里进行一系列政治活动，缓和民族矛盾，调节外交关系。

　　外八庙位于离宫东面和北面的山麓间，当时共有 12 座（现存 9 座）。这些寺庙是为实行"佛法两施"的政策而建造的宗教建筑，不仅高大巍峨，而且装饰华贵，以金碧辉煌取胜。这与离宫的灰瓦相比，恰恰形成鲜明的对比。皇帝这么做是为了怀柔的需要，这一切都表现了清帝"尊崇黄教、绥服远落"的政治需要。

　　承德不仅是清帝与后妃们避暑的胜地，也是北京以外的第二个政治中心，对于巩固国内统一和防御外来侵略具有重要意义。

一 特洛伊古城之谜

一场战争引出了两大史诗，从而成为西方文学的源头，这场战争就是特洛伊战争，而两大史诗就是荷马的《伊利亚特》与《奥德赛》。那么，这场战争是真是假呢？

特洛伊古城

↑盲诗人荷马在唱诗，他的史诗《伊利亚特》和《奥德赛》就是依据特洛伊战争写成的。

特洛伊城因荷马的史诗而出名，《伊利亚特》、《奥德赛》是根据特洛伊战争写成的。特洛伊战争是指希腊和特洛伊之间的十年大战，尽管古希腊史学家希罗多德和修昔底德认为敌对双方的战事都是历史上的真实事件，但后人则认为全都是传说，直到现在还在争论中。至于这场战争的原因，常见的说法是为了争夺一个名叫海伦的绝世美女。

近年来，德国蒂宾根大学里的两位博士就目前位于土耳其西部特洛伊古城遗址的废墟展开了激烈的争论，争论的中心就是特洛伊城当时到底是不是一个繁华的都市，这一点，荷马并未在他的诗中提起。

商贸中心VS小城邦

↑特洛伊战争中的"木马计"被后人广为流传

商贸中心说：德国蒂宾根大学的考古学家曼夫利德·克福曼博士认为，特洛伊古城的规模比想象中的要大，而在当时众多的城邦中所起的作用也比原来所设想的要大。并且，他已经在这片废墟下面发现了确凿的证据。根据他的调查和发掘，可以初步确定古城的轮廓。他认为依山而建的古城的中心城区位于396米高的山地，而且当时居住的人口也比想象中的要多。

这个比原来设想的规模更大的特洛伊古城，在鼎盛时期居住的人口达到近10000人，这种城市规模在当时来说相当可观，而且这座古城所处的地理位置对于铜器时代后期爱琴海和黑海之间的海上贸易有十分重要的战略意义，因此当时它周围的大国都对其虎视眈眈，为了夺取此地不惜一战（前提是荷马的史诗巨著《伊利亚特》中所描述的战争是真实的历史事实）。

小城邦说：蒂宾根大学的古代史学家弗兰克·科尔博博士则认为，希腊首都雅典的这座卫城绝对没有克福曼博士所描述的那样宏大，因为考古发现并没有为他的论点提供强有力的证据。当时特洛伊充其量不过是一个供王公贵族游乐的场所，是一个城堡。

科尔博博士坚持认为：爱琴海和黑海贸易交通在青铜时代还不发达。当时特洛伊和希泰帝国之间的关系也没有想象中的那么密切。而希泰帝国当时统治安纳托利亚（亚洲西部半岛小亚细亚的旧称），现在的土耳其中部。

两位教授之间的交锋，引出了一些已经争论多年的古老问题：荷马史诗中对特洛伊战争的描述是基于史实还是脱离史实成为纯粹的诗作？历史上真的有海伦这样的绝世美女存在吗？如果存在，她的容颜真的有那么动人，会引来成千上万的军队为其征战吗？

考古工作的新发现

1988年，克福曼博士对遗址发起了第一次系统的研究工作，工作由来自德国蒂宾根大学和其他机构以及美国辛辛那提大学的研究人员来主持，他们有了一些新的发现。

在对一个堡垒的废墟进行磁力勘察时，研究人员发现了外城墙的痕迹，尽管那只是一点埋在地下的遗迹。外城墙包围起来的也许是工匠和商人的住处，那特洛伊就不仅是一个"大本营"了。

但后来的挖掘工作发现，那并不是城墙，而是切断岩床的一条深壕沟。克福曼博士的挖掘队猜测这是用来阻挡战车和驱赶羊群的。在壕沟里面也有许多高墙，但砌高墙的那些石块很可能被搬走并用在他处了。

科尔博博士认为壕沟是用来灌溉的。

在壕沟和堡垒的内墙之间，克福曼博士的挖掘队发现了大量铜器时代的陶器、一个砖窑和一个里面有一口井的窑洞，他认为窑洞可能是这个城市供水系统的一部分。他还挖掘到几所房子的地基。在其中一个被称为"庭院"的房子里，考古学家找到一些极有价值的古物，其中有青铜雕像和陶牛。

负责特洛伊城下部挖掘工作的蒂宾根大学考古学家彼得·贾布朗卡表示，延伸出来的城市部分的遗址边缘紧挨着壕沟，这使得整个城市要比原来估计的大10倍。

科尔博博士指出，克福曼博士队伍挖掘的只是有争议地区的一小部分，而且也没什么成果。他说，现在展出的特洛伊城下部的模型是错误的，并没有什么坚固的房子，挖掘的只是"散乱的木头和土砖房子，那里更多的是空地"。

↑绝世美女海伦，据说特洛伊战争就是因争夺她而引起的。

一 雄峻奇险的萨克萨瓦曼古堡

↑萨克萨瓦曼古堡遗迹

↑库斯科的古印加雕塑

在秘鲁库斯科城北有一个建在安第斯高山上的宏大印加遗址——萨克萨瓦曼。这里是印加帝国最大的一座太阳神庙，也是一个很重要的军事建筑，在当时主要是供作战用的堡垒。为了护卫首都库斯科，印加帝国统治者组织修筑了萨克萨瓦曼古堡。

萨克萨瓦曼占地约 4 平方千米，主体由里外 3 层围墙组成，围墙全用巨石砌成，高 18 米，最外面的那道围墙全长达 540 米。围墙像一条巨龙蜿蜒起伏在岭坡之间，而且墙身不是平直的，而是呈锯齿状，共有 66 个突出的锐角形墙垛，墙垛上的士兵可以利用这种阵地交叉投掷标枪射杀敌人。进入古堡的台阶全用整块巨石铺砌而成，全长达 804 米。古堡内还建有塔楼、房屋、地下走廊与地下水道。总之，萨克萨瓦曼古堡是一座设备齐全、攻防兼具的军事要塞。

萨克萨瓦曼古堡建筑工程异常浩大，建筑技艺也十分精湛。整个古堡的建筑用了 30 多万块石料，而且每块重量都是数以吨计的巨石。最大的一块长 8 米，宽 4.2 米，厚 3.6 米，重量超过 204 吨。石块不仅重，而且加工相当精细。垒成石墙的石块之间未用灰浆黏合，但是缝隙细如发丝，连手指也摸不出来。1950 年库斯科发生强烈地震，许多西班牙时期的建筑遭到毁坏，而印加时期建成的萨克萨瓦曼古堡却安然无恙。由此，古堡建筑之坚固可见一斑。

萨克萨瓦曼古堡是印第安先人智慧和能力的结晶。那么，这座古堡到底是何时建成的？它是怎么建成的？对此，人们尚未找到确切的答案。

现在学术界一般认为，萨克萨瓦曼古堡是印加帝国第九代君主帕查库提和第十代君主图帕克·印加·尤潘基在位时修建的，从 1438 年动工到 1508 年历时 70 年才最后完成。也有的著作认为 1408 年就开了工，历时 108 年才竣工。估计常年在工地参加施工的劳动力达 30 多万。

上述两位国君统治时是印加帝国的鼎盛时期。此后，帝国发生长期内战，削弱了自己的力量，在 16 世纪初，被西班牙殖民者统治了。即使在印加帝国鼎盛时代，

印第安人也还是处于青铜文化时期，他们没有发明铁器，也没有发明车轮，甚至没有大牲畜。那么他们用什么办法建成了工程如此浩大、技艺如此精湛的萨克萨瓦曼古堡呢？

　　这实在是一个难解之谜，即使是在高度现代化的今天，要从几里地之外把几十吨乃至上百吨的巨石运上陡峭的山地，再垒砌成密不透风的石墙，也是极为困难的。

　　有的专家经过潜心研究指出，建古堡的巨石全是靠滚木、滑板这类最原始的工具运上山坡的，而且开采、打制石坯全靠更坚硬的石块，将石坯磨平磨光则是用砂子，这样的加工石料和搬运垒砌的方法不能不令人叹为观止。它不仅需要数十万人投入，而且需要全力合作，这说明印加人具有非凡的组织能力。

　　也有的专家认为，根据古堡的建筑风格和技巧，应当是印加人来到此地之前的某个不知名的民族修建的，至于这个民族的生产技术水平是比印加人更先进还是更原始则未加说明。

　　此外，有人想象力丰富，他们根本否认萨克萨瓦曼古堡是印第安人建成的，说单凭印第安人的技术和力量是无法完成这么巨大而复杂的工程的，很可能是外星人在这里修建的，此说固然新鲜，然而更加缺乏说服力，把事情弄得更加扑朔迷离。

　　由于印加帝国没有文字，考古发现的证据也不足，因此萨克萨瓦曼古堡到底是怎样建成的至今仍是一个谜。

↑古堡的一些入口

↑从古印加金饰的精致程度可以想见这是一个一度繁荣的文明古国。

世界最长的山系——安第斯山脉

　　安第斯山脉长约8900千米，几乎是喜马拉雅山脉长度的3.5倍。这里山势雄伟，景色绚丽多姿，是世界上最壮观的自然景观之一。

　　安第斯山脉属科迪勒拉山系，这个山系从北美一直延伸到南美，全长1.5万千米，是世界最长的山系。安第斯山脉有许多海拔6000米以上、山顶终年积雪的高峰。南部山脉中的阿空加瓜山为安第斯山脉最高峰，海拔6960米，它也是世界上最高的死火山。尤耶亚科火山海拔6723米，是世界最高的活火山。

　　南美洲多火山，它们主要分布在安第斯山脉，这里共有40多座活火山。安第斯山脉孕育了无比巨大的铜矿，这里有世界最大的地下铜矿，深入地表以下1200米。庞大的地下坑道总长超过2000多千米，采矿的自动化程度极高，地下生活设施完善。

经典的拉利贝拉整岩教堂

↑ 幽密神奇的拉利贝拉教堂

↑ 拉利贝拉教堂壁画

拉利贝拉整岩教堂位于埃塞俄比亚北部山区的拉利贝拉城，距离首都亚的斯亚贝巴 300 多千米。

札格维王朝的王公拉利贝拉招募全国约 5000 名一流工匠在地下岩层中凿刻，不许使用粘黏物质（灰沙浆），并在建筑家锡迪·梅斯奎尔的率领下，花了 20 多年的时间，在拉斯塔高原的大片红色火山石灰岩上开凿了 11 座整岩教堂。这些教堂不是采用一般建筑方法"建造"的，而是一件雕刻山壁而成的巨型杰作，里面有中殿、通道、祭坛，还有凿去岩石而成的院子。

拉利贝拉整岩教堂到底是如何建成的呢？目前尚不能确定。

根据传说，耶稣在拉利贝拉梦中显灵，揭示天使会帮助石匠工作，所以拉利贝拉制定了建造圣城的计划。撇开神话就事实而论，这些石雕建筑工程浩大，简直是鬼斧神工。现在有许多学者专家相信，当地石匠一定是得到外来的巧匠和雕刻师指导，那些巧匠可能来自远方的亚历山大港和耶路撒冷。

石匠的雕凿技巧简直令人难以想象。据估计，要在拉利贝拉工地上雕刻出那 11 座巧夺天工的教堂，必须凿出 10 万立方米的石头，其中 4 座四周完全不与山体黏连，其余与山体连接的面积或大或小。所有建筑大体上都仿效拜占庭教堂的布局，有长方形会堂和 3 个供信众进出的门口。每座教堂都是独特的创作，从最雄伟的支柱到精工细雕的窗花，都是由竖立的岩石凿刻而成，历经 400 多年仍大致完好。

有些教堂屹立在巨大方形坑穴内，顶部与地面齐平，俯瞰才可窥其全貌。这一地区夏季经常大雨滂沱，石匠不时要冒溺水之险，但是他们懂得在工地底部削出一道斜坡，有很好的防涝功能，顶部和排水边沟稍微倾斜、完全不怕暴雨造成危害。到这地方来进行研究的现代考古学家发现，当时的预防措施十分有效，就是碰到倾盆大雨也无水淹之虞。那时工匠的智慧是不可否认的。

究竟是什么灵感使那位埃塞俄比亚国王在那个时代、那个地方进行那样庞大的工程计划呢？原因不得而知，但是，关于那些教堂的观感有一点是不容否认的：热诚无限的信念、卓越的艺术才能、超群绝伦的技术结合起来，创造了一个亘古长存的世界奇迹。

一 世界第一大教堂：圣彼得教堂

　　世界上最大的教堂——圣彼得大教堂，建立在世界上最小的国家——梵蒂冈。

　　圣彼得大教堂兴建于公元4世纪。公元337年，康斯坦丁皇帝正式把基督教定为罗马帝国的国教。他为了纪念公元64年被暴君尼禄杀害的著名传教士彼得，在他的陵墓上建立了人类第一座教堂——圣彼得大教堂，后来这座建筑开始倒塌。1452年，尼古拉五世发出重建的命令。

　　1506年，教皇尤利乌斯二世指派建筑师伯拉孟特负责此项工程。伯拉孟特果断地拆毁了旧教堂。按照他的设计，新教堂为十字形，在中央交叉处造穹隆圆顶。之后方案几经变化，拉斐尔、米开朗琪罗等文艺复兴时期的艺术大师们几乎都参与了设计和装饰。1547年米开朗琪罗对教堂的穹顶进行改造。1626年，新的圣彼得大教堂在教皇乌尔班八世的主持下正式落成。17世纪中叶，伯尼尼在教堂前面建造了环形柱廊，形成椭圆形和梯形两大广场，整个教堂成为规模极其宏伟的建筑群体。

↑圣彼得大教堂的大理石雕像《圣母怜子》

↑教堂内的壁画

↑大主教在教堂内主持仪式

圣彼得大教堂总面积 2.2 万平方米，长 410 多米，最宽处 130 多米，教堂最高处大圆顶顶尖的高度为 137 米。教堂正面共有 5 扇大门，每扇大门前各立着两根大理石柱。中间的一扇门是原教堂的铜门，它两边的门分别叫神门和卒门，最外边的两扇分别称为圣门和死门。除了神门和卒门整年开放外，其他 3 扇门通常都是关闭的。圣门更是逢 25 年一次的圣年才打开一次，而且只能由教皇亲自开启。

圣彼得大教堂不仅是世界上最大的教堂，同时也是一个"收藏"丰富的"艺术品陈列馆"，因为它里面有丰富的镶嵌画、壁画和雕刻，而且有不少是出自名家之手的传世之作。其中最著名的是米开朗琪罗的大理石雕像《圣母怜子》，表现的是圣母玛丽亚紧紧抱着受难后伤痕累累的耶稣。圣母玛丽亚的雕像曾被一个疯子砍坏了鼻子和一只耳朵，后被安置在玻璃墙后面，以防再遭不幸。据说它是米开朗琪罗唯一的签名雕像。穹顶下方正中高高的教皇专用祭坛上面是伯尼尼所作的铜铸华盖，为巴洛克美术风格的重要作品。右侧厅一礼拜堂里陈列着米开朗琪罗的著名雕刻《哀悼基督》。

在圣彼得大教堂前面是著名的圣彼得柱廊广场。广场呈椭圆形，它具有典型的巴洛克建筑风格。该广场占地面积约 3.5 万平方米。由黑色方石铺成。椭圆广场正中间有一高耸的方尖塔。在其南北两侧有两个弧形的巨大而相互连接的柱廊，柱廊共有 284 根巨大的石柱，每排有 4 根，各排巨柱分别在同一圆心的不同半径上。每根柱子上端装饰有雕像。

圣彼得大教堂的建造历经 200 余年，它是众多艺术家、工程师和劳动者智慧的结晶，是文艺复兴和巴洛克艺术的综合体。

古罗马皇帝尼禄

古罗马皇帝尼禄（公元37—68年）即位时尚不满17岁，为罗马的第一个少年皇帝。公元37年12月5日生于罗马。喀劳狄王朝末帝，以暴虐、放荡出名。曾杀死母亲、妻子及老师塞涅卡。公元64年罗马城遭大火，据说尼禄有唆使纵火嫌疑，还下令迫害基督徒以转嫁罪责。公元67年去希腊各地演戏，值巴勒斯坦爆发犹太人起义，派人前往镇压。各省人民反罗马情绪日益强烈，尼禄终为元老院、近卫军所唾弃，后穷途自杀。

一　土耳其的 "地下乐园"

从土耳其首都安卡拉出发向东南行驶，2个多小时后进入安纳托利亚高原的卡帕多西亚地区。这里除了地面 "石柱森林" 奇观之外，卡帕多西亚还有一座利用凝灰岩的特殊结构开凿的 "地下乐园"。

"地下乐园" 中最著名的一座坐落在代林库尤村附近。通往地下城市的通道隐藏在村子各处的房屋下面。人们在村里能看到通风洞口，这些通风洞从地下深处一直延伸到地面。

整个地带布满了地道和房间。地下城市是一种立体建筑，分成许多层。代林库尤村的地下城市仅最上层的面积就有 4 平方千米，5 层空间加起来可容纳 1 万人。今天的人们猜测，当时整个地区曾有 30 万人逃到地下躲藏起来，仅代林库尤村的地下城市就有 50 个通气井和 15000 条小型地道。最深的通风井深达 85 米。地下城市的最下层建有蓄水池，用以储藏水源。

目前，人们在这一地区发现的地下城市不下 36 座。其中不是所有的都像代林库尤村附近的地下城市那么大，但都称得上是城市。现在所发现的地下城市相互间都通过地道连接在一起。

不可思议的地下城市的确存在着，可谁是建造者呢？它们是什么时候建成的？用途又是什么？对此，人们有着不同的见解和推测。当然也有人举出具体的史实加以考证。

史实之一是在基督教早期，这一新生宗教的信徒寻求避难并最终选中了这里。最早的一批大约在公元 2 世纪或 3 世纪，以后一直延续到阿拉伯军队围困坚固的君士坦丁堡（即今伊斯坦布尔）的时候。当时的基督教徒确曾在这里避过难，然而他们并不是建造者。地下城市在他们到来之前就已存在。

↑神奇的卡帕多西亚石柱森林

↓基督教新思堂

↑ 闪米特人朴实的陵墓

↑ ↓ 精美的石雕

地下城市到底是谁在何时修建的？推测如下：

有一点可以肯定，那就是这一带的地基是由凝灰岩构成的，因为附近就耸立着火山。只要有黑曜岩，即火石，地基就很容易被凿空，而火山在这一地区并不鲜见。就这样，也许花了不仅仅一代人的时间，地基被掏空了。地下城市大多是超过13层的立体建筑。在最低的一层，人们甚至发现了闪米特时代的器物。

闪米特人是一支古老的神权民族，大约在公元前1000年以前，他们曾在这一地区生活过。其都城哈图沙离代林库尤大约有300千米。闪米特人曾一度占领古老的皇城巴比伦。最初的时候，闪米特人的国王被看成是神灵，地位大致相当于古埃及的法老。闪米特人原本没有姓名，只是到后来才有了姓名。他们经常戴高帽子来装扮自己，这种帽子今天称作地精帽。戴这种帽子的人，全世界范围都能见到，可见其传统之深远。这是人类想以此模仿外星文明使者那和肢体不成比例的硕大头颅，称得上是一种爱美的表现。长期以来，对这种戴高帽的现象一直存在着许多曲解，其实，这在当时是一种世界范围内的时尚，并且在一些地方，例如古埃及，通过雕塑和绘画被永久记录下来。

闪米特人在他们的圣书《科布拉·纳克斯特》中描述过所罗门大帝怎样利用一辆飞行器把这一地区搞得鸡犬不宁。当时的人类对于飞行现象产生恐惧，我们认为这是完全可以理解的。也许他们曾被剥削、奴役过，所以每当报警的呼喊"他们来了"响起来的时候，人们就逃进地下城市。这和我们今天挖筑地下掩体保护自己的情形是一样的。所以他们在地下岩石中开凿避难之所，是因为他们害怕能飞行的敌人。这个猜想是有道理的。

神奇的"地下乐园"因其建筑造型的奇妙和独具的艺术特色，使卡帕多西亚成为土耳其的旅游胜地。这些代表拜占庭艺术精华的稀世奇迹使游客们眼花缭乱，给他们留下难忘的印象。

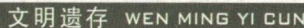
一 宏伟凝重的古罗马竞技场

古罗马，一个有着强烈尚武精神的国家，自其建国后就开始不断对外进行军事扩张。公元1世纪时，形成了一个地跨欧、亚、非三大洲，幅员辽阔的大帝国。

公元72年，古罗马弗拉维王朝的创立者韦斯巴芗为纪念征服耶路撒冷，强迫数万名犹太俘虏在尼禄皇帝金宫废址上，动工兴建竞技场。

公元79年，韦斯巴芗去世，该竞技场尚未完工。公元80年，由其子狄度完成，最初命名为"弗拉维剧场"。中世纪后，人们开始叫它"科洛西姆"，在拉丁语中是"巨大"的意思。科洛西姆是古罗马建筑艺术的巅峰之作，也是中世纪世界七大建筑之一，更是现存世界上最大的古代圆形剧场。

竞技场呈椭圆形，长径188米，短径156米，占地达2万平方米。

竞技场设计巧妙，基础部分采用坚硬的火山石。竞技场外围墙全部采用大理石，墙高57米。整个竞技场上下一共分为4层，每层都由科林斯式、爱奥尼亚式、哥林多式半圆形石柱相隔，共分成80个拱形门洞。

竞技场的中央是一椭圆形的角斗场，大约86米长，63米宽。斗兽、竞技、赛马、歌舞、阅兵和演戏都在这里进行。

竞技场观众席也分4层，可容纳9000人。最上一层指定给自由人，即解放了的奴隶；中间往下两层指定给罗马公民和骑士；最底下一层的观众席，指定给元首及侍从、元老等。所有的观众席上都标有数字，要求观众凭票对号入座，这样避免出现混乱。

剧场底层共设有 80 个出入口，这众多的出入口能在十几分钟内疏散所有的观众。

相传，科洛西姆大剧场的设计者是一位名叫戈登修斯的早期基督徒，后来他殉难于自己设计的大剧场里。

公元 80 年，为庆祝剧场落成，罗马皇帝举行了浩大的庆祝活动，活动为期 100 天。在此期间，有 3000 名奴隶、俘虏、角斗士和 5000 头包括狮子、老虎等猛兽在内的动物上场表演，以供他们观赏。这次规模盛大的庆祝活动项目很多，包括男女角斗士成对厮杀，角斗士与野兽相搏，最后是放水淹没整个角斗场，进行一场舰对舰的模拟海战。在本次庆祝活动中，有 2000 名角斗士倒毙在血泊中，历史上称这次庆典为"百日竞技"活动。

公元 117—138 年期间，古罗马由哈德良执政，他让人在竞技场中栽种了大量的树木，使得整个竞技场看起来酷似一片森林。在每一棵树或灌木下面都设有一个隐藏的活动地板门，里面放有一头雄性或雌性猛狮，它们随时准备跳出去同角斗士厮杀。

公元 249 年，罗马举行了建城 1000 周年大庆。这次庆祝活动共有 1000 对角斗士互相搏杀，关于角斗士的伤亡情况并没有详细记载。

↓古罗马竞技场内景

角斗作为科洛西姆大剧场的主要娱乐活动一直持续到公元 403 年。当时一位名叫特莱马科斯的亚洲僧人不忍看到这种血腥的人类自相残杀行为，英勇地献出了自己的生命，才最终使它停了下来。当时特莱马科斯不顾一切越过栅栏，奋力冲进角斗士之中，大声疾呼人们制止这种野蛮残酷的表演，结果他的呼唤并未能唤起人们的良知，相反，他当场被乱石砸死。特莱马科斯死后他的愿望才得以实现。但是野兽与野兽之间的搏杀却一直延续到 6 世纪末才告结束。

公元 217 年，科洛西姆大剧场被雷电击中起火，遭到破坏，公元 442 年又遭地震摧残，但事后都经过了很好的修缮，因此并没有给它造成多大的破坏。在以后无数次的战争中，科洛西姆大剧场屡屡被当作堡垒，幸运的是在每次战争中它都没有遭受到多大破坏。

后来，科洛西姆大剧场又连续 3 次遭到了地震的严重破坏，加上当时无人修理，竟然在相当长一段时间内成了罗马的采石场，很多基石都被拉走了。

直到 1740 年，罗马教皇贝尼狄克特十四世当政后，宣布科洛西姆大剧场为圣地，禁止采石，才制止了这种行为。为了更好地保护科洛西姆大剧场，他还让人给剧场安上大门，装上铁栅严加保护。

1800 年以后，科洛西姆大剧场先后在 4 个教皇当政时期得到了几次较大的修缮，尽管面貌焕然一新，但是和昔日的科洛西姆大剧场相比，仍相差甚远。

一 "不灭的航标" 亚历山大灯塔

亚历山大城位于尼罗河三角洲的西缘，面对地中海，背依迈尔尤特湖。亚历山大城是在公元前332年建成的，建成后一直是埃及的首都，直到公元642年埃及被阿拉伯人征服。其中，亚历山大灯塔不仅是这一时期文明的杰出代表，也是西方古代七大奇迹之一。

亚历山大灯塔位于亚历山大城附近的法罗斯岛防波堤的南端，塔高约135米，比当今世界上最高的日本横滨港灯塔还高29米。塔共分4层，第一层是正方形底座，高约60米，内有300多个大小不等的房间供人居住。第二层是八角形的塔身，高15米，外表刻有精美的壁画，内部也有多个房间。第三层是一个圆形环廊，即灯塔的"灯体"，是由8根8米高的圆柱撑着一个圆形灯盘，盘中放着灯油，一到夜间便由工作人员点燃，照亮远方，指引航船入港。在第三层还有一个用

↑传说中的亚历山大灯塔

磨光的花岗石制成的巨大反射镜，白昼利用阳光反射，夜晚将灯光反射得更远；第四层塔的顶部有一座8米高的海神波塞冬塑像。

塔身用白色花岗岩砌筑，石缝之间用熔化了的铅液弥合，整体坚如磐石。塔内上下交通由螺旋形驰道沟通，燃料由马车沿驰道送达灯室。

为什么要修建一个工程量如此巨大的灯塔呢？对于这个问题有这样的说法，在公元前288年，当时的埃及国王托勒密派往欧洲迎亲的皇家"喜船"在当天夜晚入港时触礁沉没，刚刚娶来的美丽新娘和前往迎亲的大臣、随从等全部殉难。托勒密国王万分悲痛，发誓要建造一个世界上最大的灯塔为来往的船只引路导航，以避免类似的惨剧再次发生。于是，他指派克尼多斯人索斯特拉特负责设计建造亚历山大灯塔。

公元7世纪时，伊斯兰名将本阿斯打败拜占庭帝国，在亚历山大城登陆，亚历山大灯塔遭到了破坏，直到公元880年才得以修复。到了公元11世纪末，八角形的塔身和圆形灯体在地震中倒塌，仅存正方形塔基。又过了200多年，亚历山大城在公元1302年的强烈地震中毁于一旦，亚历山大灯塔也荡然无存。从此，屹立了1000多年的亚历山大灯塔在地球上消失了。

后来，人们在离亚历山大城48千米的阿布西拉建造了一个复制品——茹米高，来使人一睹亚历山大灯塔昔日的风光。

十一 · "千年"伦敦塔

↑伦敦塔是伦敦的标志，坐落在泰晤士河北岸的塔山上。

伦敦塔是伦敦著名的标志，位于英国首都伦敦泰晤士河北岸的塔山上，是一座有着900多年历史的中世纪建筑。

征服者威廉一世为了控制当地的商业社区，于1066年圣诞节前后扼守通往伦敦的通道，1078年开始在此建筑要塞，建造了位于伦敦塔中央的方形城堡式建筑诺曼底塔楼，由于它是用乳白色石块建成的，故又称白塔。以后又以白塔为中心，向外扩展为分内外两部分的防御要塞，内城墙上有13座塔楼，外城墙上有6座楼和塔、2座堡垒，四周有护城河。13世纪又建了水门，在以河流为主要通道的年代经常使用，后来伦敦塔作为监狱时，犯人经常从此门经过，所以此门又被称为"叛逆者"之门。

伦敦塔建成之后，最先是用作堡垒和王宫，曾有数代的英国国王在此居住，国王加冕前住在伦敦塔更是一种惯例。此后又曾被用作监狱、刑场、皇家天文馆、造币厂等。

伦敦塔作为国家监狱使用时，犯人多被押在白塔的地下室内。据说，伦敦塔从建成以来曾先后关押过1700多名犯人，其中有显赫一时的名人——著名的美国空想社会主义者托马斯·莫尔，因反对英国教会脱离罗马教廷、拒绝承认亨利八世为英国最高宗教领袖而被囚禁在塔内达15个月之久，最后于1535年7月被送上断头台。

亨利八世的第二个妻子安妮因为没能给他带来子嗣而受到责难，进而遭贬，最后亨利八世以"莫须有"的通奸罪判处她死刑。最后在行刑前，安妮王后请求用剑刺死她而不要用斧头砍死她，亨利八世痛快地答应了她的要求，专门派人为她找来了最出色的刽子手。

1845年，在白塔的后面建造了长方形的滑铁卢大厦，英国王室的王冠和权杖就收藏在这里。王冠和权杖上面镶有数不清的宝石，价值连城，历届英国国王都使用过它们。为了保护它们，专门安排了卫兵守塔，至今这些卫兵仍穿着传统的红色制服。

一 埃及古金字塔的魅力

金字塔之于埃及如同万里长城之于中国。自古以来金字塔就被称为世界七大奇迹之一。它是埃及文明的代表，也是埃及国家的象征，更是埃及人民的骄傲。

埃及金字塔建造于遥远的古代，它是西方建筑的"祖师爷"。人们毫不吝啬地将经典建筑艺术的源头归溯于古埃及。古埃及重要的建筑遗迹经历了5000年漫长的岁月后，仍然让现代的人们惊叹不已。

↑ 古埃及壁画展现的木乃伊制作过程

人们很难想象在那遥远的年代，在没有起重设备，也没有滑轮，甚至连轮子都没有，只有粗陋的工程技术水平的年代，他们是如何将重量与10辆汽车相当的大石块提升到金字塔上的。所以，在很长一段时间内，人们都质疑金字塔到底是人为修造的还是外星人遗弃的着陆标志。后来，经过严谨的科学考察，证实金字塔是人为建筑。

据埃及学者们的研究，金字塔的建造起源于古埃及神话。古埃及国王奥西里斯被自己的兄弟所害，碎尸后被扔到了尼罗河里。王后伊西丝悲恸欲绝，她费尽心思找到遗体，伏尸痛哭，几欲昏迷。太阳神被伊西丝的深情所打动，于是帮她把尸块还原成尸体，做成干尸，即木乃伊。奥西里斯于是再生，成为冥界的主宰。从此以后，这个神话故事在法老之间一代一代流传。每个法老死后，都要被制成木乃伊后装入石棺，再送进"永久的住所"——金字塔中。古埃及人坚信这样的做法能让法老们的灵魂获得永生，并在3000年后的极乐世界里复活。

↓ 金字塔旁巨大的狮身人面像

古埃及人的这种信念决定了金字塔的形式，它必须能够妥善保存遗体以及伴随着遗体的陪葬品。在古埃及人看来，冥界的生活与尘世类似，死者生前所用的一切要一应俱全。因此，每个法老的墓葬总会聚集大量的财富。而这恰恰又成为历代盗墓者垂涎的目标。为了防范法老的"灵魂"被惊扰，抵挡盗墓者的盗窃活动，也为了满足法老日益膨胀的权力炫耀欲望，金字塔的形式经历了由小到大、由砖到巨石的演变。

著名的"阶梯形金字塔"是法老昭赛尔的陵墓。"昭赛尔金字塔"是最早的石砌金字塔，也是后来著名的吉萨金字塔的雏形。

在这以后相当长一段时间，法老们把主要的精力和财力都耗费在金字塔的建造上，金字塔的建筑规模越来越庞大。正是这种世世代代倾尽国力的努力，才使世人能够看到这些建筑史上的奇迹。

↑胡夫盾牌

公元前 27~ 公元前 26 世纪，古埃及人在吉萨建造了 3 座最大的金字塔。第一座大金字塔是第四王朝第二位国王胡夫的陵墓。它建于公元前 2690 年左右，原高 146.5 米，因年久风化，顶端剥落 10 米，现高 136.5 米，底座每边长 232 米，三角面斜度为 51°，塔底面积 5 万多平方米，塔身由 230 万块石头砌成，每块石头平均重 10 吨。该金字塔内部的通道对外开放，该通道设计精巧、计算精密，令人赞叹。

第二座金字塔是胡夫的儿子哈夫拉国王的陵墓。它建于公元前 2650 年，比前者低 3 米，但建筑形式更加完美壮观，塔前建有庙宇等附属建筑和著名的狮身人面像。狮身人面像的面部参照哈夫拉，身体为狮子，高 20 米，长 57 米，仅雕像的一个耳朵就有 2 米高。整个雕像除狮爪外，全由一块天然岩石雕成。由于石质疏松，且经历了 4000 多年的岁月，整个雕像风化严重。另外面部严重破损，已很难看清它的本来面貌。

第三座金字塔属于胡夫的孙子门卡乌拉国王，建于公元前 2600 年左右。当时正是第四王朝衰落时期，金字塔的建设也开始衰落。门卡乌拉金字塔的高度只有 66 米，内部结构也很粗糙。

这 3 座金字塔都是精确的正方锥体，其中以胡夫的金字塔规模最为宏大，建筑精确度最高。哈夫拉和门卡乌拉两座金字塔次第排列在一旁，它们的四面都正对着东西南北 4 个方位的基点，相互以对角线相接，形成了气势恢宏的人造群峰。

2000 年后，随着埃及国力资源的不足以及建造金字塔热情的消退，法老们把"过剩"的精力投注到了神庙的修建与装饰上，因此后来建造的金字塔就逊色多了。

4000 年后，随着古埃及文明的衰落，金字塔早已脱离了它建造之初面对冥界的神秘意义，而成为人类古老文明的象征。

一　不倒的意大利比萨斜塔

意大利比萨斜塔，位于罗马式大教堂后面右侧，是比萨城的标志。这座著名建筑美丽而又耐人寻味。

比萨斜塔修建于 1174 年，由著名建筑师汤玛索·毕萨诺主持修建，并由许多建筑师和一流工匠协力建造。开始时，塔高设计为 100 米左右。但在 1178 年左右，当盖到第 4 层的 1 / 4 时，塔身开始向南倾斜，原因是地基下沉。为了做出补救，就把上面各层的重心尽可能对准中心垂直线，力求纠正倾斜之弊。

工程相当艰巨，建筑师和工匠有的对此失去兴趣，有的则对困难束手无策，塔楼倾斜如故。若要继续加盖，除非有更彻底的解决方法，不然整座塔就会倒塌。其中一个别出心裁的解决方法是将南面的柱子建得比北面的高，让塔慢慢移向垂直位置。

历经 100 多年的努力，1350 年，塔顶的钟室终于盖好，整项工程竣工。人们把沉重的钟都放在北面以补救倾斜的毛病。塔仍然向南倾斜，幸而没有再加高，不然，其中心垂直线越出地基范围，整座建筑物就会倒塌。

为什么比萨塔在修建的过程中就会出现倾斜呢？这是由于比萨城坐落在冲积平原上，建筑物下沉是城中见怪不怪的现象。

比萨斜塔已经倾斜了 800 多年，而且还在继续倾斜，会不会最终有一天倒下呢？

许多专家对比萨斜塔的全部历史以及塔的建筑材料、结构、地质、水源等方面进行了充分的研究，并采用各种先进的仪器设备进行测试，比萨中古史学家皮洛迪教授研究后认为，建造塔身的每一块石砖都是一块石雕佳品，石砖与石砖间的黏合极为巧妙，有效地防止了塔身倾斜引起的断裂，成为斜塔斜而不倒的一个因素。

从事观测该塔的专家盖里教授根据比萨斜塔近几年来倾斜的速度推测出，斜塔将于 250 年后因塔身的重心超出塔基外缘而倾倒。但是公共事务部比萨斜塔服务局的有关人员针对盖里教授的看法提出了反驳，认为只按数学方式推算是不可靠的，比萨斜塔是"一个由多种事实交织成的综合性问题"。

人们目前还难以预言比萨斜塔今后的命运，但仍感叹它斜而不倒的壮观景象。

↓ 倒？还是不倒？人们拭目以待。

一 人类建筑杰作：埃菲尔铁塔

←↓ 堪称钢铁"巨兽"的埃菲尔铁塔

　　埃菲尔铁塔是世界建筑史上的技术杰作，因而成为法国和巴黎的重要景点和突出标志。

　　铁塔由法国著名建筑工程师、钢铁结构大王居斯塔夫·埃菲尔设计并主持修建，于1887年1月破土动工，1889年4月5日竣工。用时2年多，耗资700多万法郎。整座铁塔气势雄伟，造型独特，融多种建筑风格于一体。

　　埃菲尔铁塔分为4层，从塔座到塔顶共建有1711级阶梯，分别在离地面57米、115米和276米处建有平台，可供公众游览，俯视巴黎市容。第四平台高300米，上设气象站。塔身呈下粗上细金字塔形，为钢架镂空结构，总重量达9000吨。

　　埃菲尔铁塔虽然如今被誉为"法兰西的骄傲"，可是在它刚刚面世的时候却备受非议。当时，有很多社会知名人士都认为它"面目可憎，俗不可耐"，他们认为这是对法国历史与艺术的伤害。但是广大法国民众却以极大的热忱迎接这一新生事物的到来。

　　埃菲尔铁塔在技术上也创造了许多奇迹：其塔身采用了镂空结构，既轻便，又透风，这就最大限度地避免了风力作用，使其巍然屹立，百年不倒。在灯光方面，多年以来铁塔一直通过地面安装的12盏探照灯照明，但大部分灯光透过了塔身消散在远方。法国灯光照明设计师皮埃尔·比多想出了由塔内照明的良策。为确保照明的均匀度，他从塔梁直至塔顶全部安装1000瓦的高压钠灯。现在，夜幕下的铁塔仿佛镶嵌着闪烁金光的钢制"花边"。

　　如今，埃菲尔铁塔已不仅是一座吸引游人的名胜，而且是巴黎这座美丽而历史悠久的城市象征。

十一 马其顿王陵的秘密

弗吉纳村位于希腊北部塞萨洛尼基的附近。那里有很多丘状的古墓和荒冢，多年来吸引了很多考古学家。

1977年，希腊考古队在挖掘当地的一个古墓时，有了重大的发现，新闻媒体称之为"第二次世界大战之后欧洲最重要的考古发现"。

↑古壁画——这幅人像据说就是战无不胜的亚历山大大帝

这座古墓的封土周长96米，高3.3米。地下5.2米处是个长方形的墓室，墓室用大理石垒砌而成。墓壁上刻着一幅精美的猎狮壁画，在墓室中有70多件殉葬品，其中有盔甲、王冕、盾牌、刀等。盔甲上除了镶嵌着闪闪发光的金饰品外，还刻有雅典女神和8个狮子浮雕，十分精美。

在墓室中央，有一个白色的大理石石棺。石棺内有一个长40厘米、宽33.5厘米、高17厘米、重11千克的骨灰盒。骨灰盒是用纯金打造的，盒盖上刻着一颗马其顿国王的专有徽记"光芒四射的星"。盒体四周刻有棕榈叶、玫瑰花等纹饰，盒底有狮形立脚，用黄金铰链固连在石棺内。盒内除了死者的骨灰和2颗牙齿外，还有一个历代马其顿国王习惯戴的金头箍。在金盒外面，有一根象征马其顿王权的包金竹鞭，鞭长1.83米。

↑描绘当时战争景象的壁画

在另一个制式与大墓室相仿的较小的墓室中，也有一个石棺，棺内同样有一个纯金骨灰盒，约8千克重，里面放着死者的骨灰和一顶华丽的妇女冠冕。此外，人们在墓室中还找到了5个精美的象牙雕像。虽然没有发现任何的文字记载，但是考古学家还是一致断定那是马其顿国王菲利浦二世的陵墓。那5个象牙雕像上分别刻的是菲利浦二世及其父母、妻子和儿子亚历山大。

菲利浦二世陵墓的发现，让考古学家们对发掘他儿子亚历山大的陵墓产生了很大的欲望。这位雄才大略的亚历山大大帝，在短短的13年里东征西战，建立起了地跨欧、亚、非三大洲

↑亚历山大东征波斯

→恺撒大帝复原模型

马其顿国王亚历山大

亚历山大（公元前356—公元前323年），古代马其顿国王，世界古代史上著名的军事家和政治家。他足智多谋，在担任马其顿国王的短短13年中，以其雄才大略，东征西讨。在横跨欧、亚的辽阔土地上，建立起了一个西至尼罗河与巴尔干半岛，东到印度恒河，以巴比伦为首都的庞大帝国。创下了前无古人的辉煌业绩，促进了东西方文化的交流和经济的发展，对人类社会的进步产生了重大影响。

公元前334年，亚历山大渡过赫勒斯滂海峡（即今达达尼尔海峡），开始了长达10年的东征之战。波斯帝国拥有着数十万大军，战舰400艘。而且，波斯帝国的面积大约比马其顿王国大50倍，更何况古老而富足的埃及、巴比伦、腓尼基等诸多国家均已被波斯征服，并入波斯版图。尽管力量悬殊，但亚历山大善于从本质上看问题。他借助一举渡过赫勒斯滂海峡之余威，利用己方高昂的士气，一鼓作气，突破敌人防线，彻底摧毁了波斯人的士气和抵抗的决心，开辟了向亚洲扩张的道路。

的大帝国，并修建了著名的亚历山大城。

公元前323年，亚历山大在征战途中染上了疟疾，不久病逝。部属托勒密（后来成为统一埃及、建立起奴隶制国家的国王）用灵车把亚历山大的遗体运往埃及，并安葬在亚历山大城。托勒密一世和二世还为他建造了一座富丽堂皇的陵墓。据史书记载，罗马人占领亚历山大城后，恺撒大帝曾经拜谒过亚历山大陵墓。奥古斯丁皇帝曾在亚历山大陵墓前的塑像头上加了一顶金冠，并在棺的周围撒上鲜花。

1498年，葡萄牙人发现通往印度的南部航线后，亚历山大城的商业地位下降，再加上多次破坏性大地震，许多古老建筑遗址都遭到严重破坏。19世纪初，那里修建海港，遗址的残垣断壁有的成了建筑材料，有的则被埋在地下，历史古迹荡然无存。

考古学家研究认为，亚历山大陵墓很可能位于亚历山大城东郊的皇宫区，在两条主要街道的交叉点上。因为按照希腊的习俗，创建城市的国王死了就成为神，一般都埋在市中心，让亡灵庇护全城。近几年，考古学家在一个古陶灯上发现了一些建筑物的图案，在这些建筑物中，有一个圆锥形的建筑可能就是亚历山大的陵墓，因为奥古斯丁的陵墓是带尖顶的庞大的圆柱形建筑，很多学者认为它是仿造亚历山大陵墓建造的。

如果那样的话，亚历山大陵墓究竟在哪里呢？谁能解开这个谜？

↓波斯帝国的创立者：居鲁士　　↓古波斯的钱币

一　神秘的摩索拉斯陵墓

　　摩索拉斯陵墓位于土耳其的哈利卡纳苏斯，是小亚细亚西南部的加利亚国王摩索拉斯之陵墓。摩索拉斯死于公元前 353 年，而这座陵墓在其生前就开始建造，建成时间大约在公元前 4 世纪中叶。这座陵墓是西方古代七大奇迹之一。

　　整个摩索拉斯陵墓呈长方形，长 39 米，宽 33 米，这个陵墓高近 50 米。在陵墓用大理石砌成的台基上，刻有华丽的雕饰，台基上面是一个由 36 根柱子构成的伊奥尼亚式连拱廊，高约 11 米，长拱廊上面是一层金字塔形的屋顶，是由 24 级台阶构成的。它的顶饰是用大理石雕成的一辆双轮战车，战车由 4 匹马驾着，车上并肩站着用大理石雕成的摩索拉斯国王和阿尔特米西娅王后（王后同时还是国王的表妹，摩索拉斯死后她单独执政 3 年，死于公元前 350 年）。此外，在陵前面还有用大理石雕成的威武的石狮，更增添了陵墓的王者之气。

↑华丽的摩索拉斯陵墓

　　摩索拉斯陵墓的建筑师叫彼提阿斯。陵墓内外那精美的雕饰由当时希腊最著名的雕刻家斯科巴斯、利俄卡利斯、布利阿克西斯和提摩西阿斯共同完成，他们每人负责 4 面中的一面。这些雕饰中，有很多表现的是战斗搏杀的场面，如拉皮提人和半人半马的怪物进行殊死搏杀、希腊人和神话中的亚马孙族女战士进行激烈的战斗等。

↑摩索拉斯陵墓复原图

↑摩索拉斯陵墓遗址

　　公元 12 世纪发生了一场地震，摩索拉斯陵墓遭到严重破坏。之后，这里竟成了"采石场"，从陵墓上拆下的石料被用来修筑军事要塞。就这样，摩索拉斯陵墓这座伟大的建筑奇观渐渐从地球上消失了。

　　1856 年，英国考古学家查尔·牛顿来到哈利卡纳苏斯，并对摩索拉斯陵墓遗址进行了考古挖掘，从这之后，这项工作一直没有停止，各国的考古学家在这里不断有新的发现。有人根据发掘出的大量雕像判断，这里更像是一座家族的陵墓，而不完全是一个国王的墓葬。但可以肯定的是，这座陵墓原来是建在直到公元前 6 世纪还在使用的一片墓地里。考古学家在这个遗址中一直没有找到摩索拉斯的石棺，这让考古学家感到十分遗憾。

一 浪漫的千年泰姬陵

　　有人说不到长城非好汉，不看泰姬陵就不算到过印度。的确，泰姬陵就是印度的代名词，吸引着凡夫走卒、达官贵人的眼球。只要是到了印度的游客，无不渴望瞻仰这座举世闻名的爱情丰碑。

　　泰姬陵是举世闻名的建筑奇迹，它坐落在印度恒河的支流亚纳穆河之滨，是印度建筑的典范，被誉为"大理石的梦境"。

　　泰姬陵是莫卧儿王朝第五代君主沙贾罕为其宠妃蒙泰姬修筑的陵墓，整个建筑通体用白色大理石砌成。占地约17万平方米，呈长方形，东西长约580米，南北宽约305米，四周是红色的围墙。

　　泰姬陵外观端庄华美，几乎无懈可击，寝宫门窗及围屏都用白色大理石镂雕成菱形带花边的小格，墙上用翡翠、玛瑙、水晶、红绿宝石镶嵌着色彩艳丽的藤蔓花朵。光线所至光彩夺目，有如夜空的璀璨星星。

　　泰姬陵令人百看不厌。令人惊讶的是，它在一天不同的时间和不同的自然光线中能显现出不同的特色。虽然它是一座陵墓，可它却没有通常陵墓的冷寂。相反让人感到它似乎是在天地之间浮动。它和谐对称，花园和水中倒影融合在一起，令无数参观者惊叹不已。

　　数百年来，无数文人才子为泰姬陵而折腰，留下了许多动人篇章。

泰戈尔说："泰姬陵是永恒面颊上的一滴眼泪。一座如此美丽的陵寝，必定有一个可歌可泣的故事。"

阿姬曼·芭奴来自波斯，她聪明而美丽，多才又多艺，入宫19年，用自己的生命见证了沙贾罕的荣辱征战。沙贾罕封她为"泰姬·玛哈尔"，意为"宫廷的皇冠"，对她是三千宠爱于一身。但自古红颜多薄命，深受沙贾罕宠爱的泰姬在生下第十四个孩子后不幸去世。死讯传来，悲伤至极的沙贾罕一夜白头。

悲痛万分的沙贾罕，一个深爱自己妻子的丈夫，倾举国之力，耗无数钱财，征派约2万名工匠，历时22年才完成为爱妻创造的这段瑰丽的"绝响"。

关于沙贾罕想在河的对面再为自己建一座同样的黑色大理石陵墓的传说似乎没有太多的真实性。泰姬陵完工不久，他的儿子奥朗则布弑兄杀弟篡位，于1658年宣布为帝。并把沙贾罕软禁在阿格拉一个城堡内长达9年，一直到他去世。值得慰藉的是沙贾罕能从城堡远远眺望泰姬陵。后来他也被葬在泰姬陵。

尽管有人说，沙贾罕只是一个好大喜功的暴君，根本不是多情种子；尽管有人说，在美轮美奂的泰姬陵脚下，不知堆砌着多少人的鲜血甚至生命。但是不可否认的是，泰姬陵是印度建筑史上最完美的"瑰宝"，是世界文化遗产中令世人赞叹的经典杰作之一。

↑ 沙贾罕美丽的宠妃蒙泰姬

↓ 夜晚的泰姬陵如同神话中的建筑

文学巨匠泰戈尔

泰戈尔（公元1861—1941年），印度著名诗人、作家、艺术家和社会活动家。1913年获诺贝尔文学奖。生于加尔各答市一个富有哲学和文学艺术修养的家庭，13岁即能创作长诗和颂歌体诗。1878年赴英国留学，1880年回国专门从事文学活动。1941年写下控诉英国殖民统治和相信祖国必将获得独立解放的著名遗言《文明的危机》。

泰戈尔是具有巨大世界影响的作家。

他的作品充满了鲜明的爱国主义和民主主义精神内涵，同时又富有民族风格特色，具有很高的艺术价值，深受人们喜爱。

一 美索不达米亚平原上的遗迹

5000 年前，在西亚美索不达米亚肥沃的冲积平原上，就已经出现世界最早的古文明之一。公元前 3500 年以后的几百年间，苏美尔人和以拦人，亚述人和巴比伦人，凯赛特人和波斯人等民族，先后在底格里斯河和幼发拉底河之间这片肥沃地带以及东面的斤陵地区聚居。

↑图为著名的《汉漠拉比法典》

↑精美的工艺品

他们有着很强的创造力，在这片狭隘的平原上建立起来了繁荣的城市，但现在只留下一堆堆泥砖、瓦砾和人工制品，散乱在古城遗址附近的地面上，这些城市也成了"传说"。他们为诸神建造的伟大庙宇建筑，也就是高耸入云的砖造庙塔，仍屹立在废墟上。庙塔的形状似金字塔，是由一层层阶台叠建而成，上小下大。有的庙塔高 100 米。顶上所建的庙宇，可能是神灵来凡间停留的地方。另一座庙宇则建在庙塔的脚下。

一层层的阶台，建得高耸入云，再在顶上建庙宇，这是何等的气势雄伟！而这种气势雄伟的建筑就是庙塔，庙塔是 5000 年前美索不达米亚城邦鼎盛时代的标识。著名的巴比伦巴别通天塔是其中最壮观的一座。庙塔是干什么用的？没有人知道，也许是陵墓，也许是天文台或者别的什么。

美索不达米亚的那些城邦遗留下来的庙塔，已知的共有 30 多座。建造年代都在公元前 3000 年至公元前 500 年之间。当时庙塔在人们眼中就像埃及的金字塔那样壮观，但现在大部分不过是一堆碎砖。

有证据证明亚述城至少有 3 座庙塔。亚述城是亚述人的旧都，位于伊拉克北部底格里斯河河畔，到公元前 614 年，南方的迦勒底人把它攻陷破坏。建在吾珥的巨大庙塔，大部分还留存下来。吾珥先是苏美尔人的大城市，后来又属于迦勒底人。在巴比伦城附近的尼姆拉德泉和距巴格达不远的阿卡尔奎夫，还存有若干庙塔。在伊拉克北部古城尼尼微附近喀霍沙巴德发现亚述庙塔遗迹，看得出各层依次涂上白、黑、玫瑰红、蓝、朱红、银白和金黄等颜色。墙上镶着刻花的、彩画的板和雕像等作装饰，顶上圣殿熠熠生辉。据考古学家研究，该庙塔是公元前 717 年至公元前 707 年间建成。

现今一般人认为，埃布查内萨二世在留下的铭文中提到的埃特曼南基，就是《圣经》中所说的没有建成的巴别通天塔。不过是真还是假至今无人知晓。

 十 "上埃及的珍珠"卢克索

卢克索是埃及中王朝和新王朝的首都。它位于埃及如今的首都开罗以南670千米处，建在古城底比斯的遗址上，是古埃及文物古迹汇聚之地。其中最著名的是卢克索神殿、卡纳克神殿和国王谷。

卢克索神殿位于卢克索市中心的河岸上，是公元前14世纪由三代法老修建的。它的大门处有两座高大的拉美西斯二世坐像，高15.5米，置于约1米高的基座上。据考，最初在两座法老像旁还有4个粉红色花岗岩的立像背依塔门，其中包括拉美西斯二世的王后。现在塔闸右侧仅存的立像已残破不堪。在石像旁边还有一个方尖碑，上面镌刻着浮雕和文字。进入卢克索神殿，内厅中有两行以合拢的纸莎草花为柱头的柱子，柱间还有埃及神话中奥里斯安的塑像。内厅左侧是一个小的清真寺。再向里走是卢克索神殿的柱厅，土黄色的大柱由内而外，柱子的样式不断变化。在神殿的墙上刻有许多浮雕，上面生动地表现了埃及历史上以雄才大略著称的拉美西斯二世出征的场面。如弯弓射箭的英姿、召开军事会议以及在战车上指挥战斗等。

卡纳克神殿由3千米长的羊头狮身斯芬克司神道与卢克索神殿相连。它是卢克索古建筑群中保存最完好、规模最庞大的一处，面积约31公顷，始建于公元前19世纪的古埃及第十二王朝，整个工程持续了好几个朝代。最能代表卡纳克神殿建筑特色的是著名的大柱厅，大柱厅宽102米，深53米，由134根13~23米高的圆形石柱支撑，柱顶为开放的纸莎草花，周长为15米，可容纳50个人在上面站立。它们全由1米多高的圆形石块垒成，上面还刻有大量浮雕和铭文。

↑卢克索神庙门前的雕像和高耸的方尖碑

在卡纳克神殿前还遗留着一座图特莫斯一世的方尖碑。据说这里原来有一对，另一座现已下落不明。神殿的西北角还有一个长120米的圣湖，圣湖湖水十分清澈，水中可以看到神殿的倒影。

古埃及人把日出看作生命的象征，将日落视作死亡的象征。因此他们把神殿建在尼罗河东岸，而把陵墓建在尼罗河西岸。举世闻名的国王谷建在尼罗河西岸的原因就在于此。

国王谷是世界上罕见的王陵群。国王谷中墓穴高低错落，布满崖坡。在当地已发现国王墓穴62座，据记载，还应有11座，另有75座埋葬王后、妃子和公主的墓穴。已发现的王陵中，保存最为完好且最为著名的是第十八王朝法老图坦卡蒙的陵墓。相传，图坦卡蒙是10岁时继承的王位，18岁便死去的一位年轻法老。他死后，国民为他专门做了一副金棺，同时把无数的金银珠宝作为陪葬品放在墓中。发现图坦卡蒙法老陵墓的是英国考古学家哈瓦德·卡特。

图坦卡蒙陵墓的发掘震惊了世界考古界，它使人们第一次全面领略了古埃及法老的墓葬文化，同时也对古埃及文明有了较深入的了解。

拉美西斯二世

拉美西斯二世（约公元前1304—公元前1237年），古埃及第十九王朝法老，是法老塞提一世之子，其执政时期是埃及新王国最后的强盛年代。拉美西斯二世进行了一系列的远征，以恢复埃及对巴勒斯坦的统治。

拉美西斯二世无疑是埃及历史上最为重要的法老之一。然而他统治的时代已是埃及衰落的前夜，国家巨大的开销加快了国力的下降。拉美西斯二世死后，埃及就开始走上"下坡路"。

→金制的图坦卡蒙的棺材

一·远古生殖崇拜的巨幅展现

新疆呼图壁县西南天山中的康家石门子，是一个人迹罕至的荒野之地。那里山势陡兀，岩壁平直。在一块巨大的砂砾岩壁的平面上，人们发现了一幅巨大的壁画。岩画距地面高达 10 米，画面东西长约 14 米，上下高约 9 米，面积达 120 多平方米。巨幅岩画由二三百人组成，人物形象大者超过真人，小者仅约 10 厘米。人物有男有女，或站或卧、或衣或裸，有的做舞蹈动作，如一组 9 人裸体女性舞蹈像，作风粗犷，形象逼真。还有不少男像明显地显示出其生殖器官，表示男女交媾的动作，十分明显地显示了人们祈求生殖、繁育人口的强烈愿望。

↑康家石门子岩画所在的山，山色赭红。

↓康家石门子的雕刻画

康家石门子岩画所在的山，山势雄伟，山色赭红。经数千万年风吹日晒雨淋，山的形状如垒似砌。由于石质受侵蚀程度不同，有的凹入看起来像窗像门，有的凸出又好似墙壁。

康家石门子岩画采用了浅浮雕与阴刻两种技法，岩画的主体是各种人物形象，他们各具特色，形象鲜明，线条流畅，女性的面部形象尤为秀美。男性则表现得威严、粗犷，体现出了当时雕刻技法已达到了相当成熟的程度。

经考古学者们研究后认为，康家石门子岩画距今约 3000 年，是活动在新疆北部及天山地带的古代居民"塞人"所作。是那时新疆北部地区土著居民进行生死崇拜活动的圣地，是在他们心目中具有神圣地位的原始宗教活动的场所，是古代新疆居民运用自己的才能和智慧在岩壁上雕刻的一页珍贵历史，是古代生殖崇拜的生动标本。

这样一幅表现原始生殖崇拜的岩画，主题之集中，在国内所发现的类似岩画中绝无仅有，即便在世界原始文化艺术中也属罕见。

古老的原始崇拜深刻地反映出当时原始社会思想意识和文化艺术的发展。但长期以来人们还是无法了解这巨幅岩画究竟是哪支古老原始部落人民所作，它又是怎样被凿刻到这么高的岩壁上去的。这些都是新疆原始文化研究中的一个未解之谜。

"万馆之馆" 巴黎卢浮宫

　　法国巴黎被誉为艺术之都，有上百家的美术馆及博物馆，其中最为闻名的就是卢浮宫。

　　卢浮宫建于 11 世纪末，最开始是一座城堡，为了保护巴黎不受诺曼人及英国人入侵。当时城堡内并没有收藏品，纯粹是作为防御工事的。到了 14 世纪，城堡被改建为宫殿，在宫内摆置了第一批收藏品，包括雕像和画，成了富丽堂皇的皇宫。

　　几百年来，卢浮宫不断地收集世界各地的珍藏品，包括画、雕塑、素描、陶器、铜器、工艺品及古文物，来源地区涵盖了埃及、希腊、罗马、伊斯兰、意大利等国，收藏品超过 40 万件，卢浮宫从此在历史、文化、艺术界具有举足轻重的地位。

　　但是对卢浮宫而言，皇宫的入口太小、走廊太窄，造成参观路线迂回曲折，欠缺现代博物馆应具备的基本条件，于是 1981 年，法国总统决定扩建，并选用华裔建筑师贝聿铭的设计，呈现出今天独特的面貌。

　　出入口处是玻璃金字塔，大金字塔是进入卢浮宫的主要入口，在东、南、北面还各设一个小金字塔，可通往不同的展览馆。玻璃有棱镜的折射效果，将光线解析成红、绿、蓝等各色光谱，在白天折射出阳光的耀眼光芒；到了黑夜，展现的是灯光的绚烂，十分美丽。玻璃金字塔不仅解决了入口太小的问题，更兼具了建筑美感。

　　当然，卢浮宫得以名扬世界，并不是靠它精湛的建筑艺术，而是靠它所收藏的丰富的艺术珍品。卢浮宫现为法国国家艺术博物馆，也是世界最大的艺术宝库。

　　↓气势恢宏的卢浮宫时刻散发着其独特的艺术魅力，入夜，更是显现出其妩媚的别样风情（上）。

卢浮宫博物馆由 6 部分组成：

1.东方艺术馆，以收藏美索不达米亚艺术品著称；

2.埃及艺术馆，1826 年为展出拿破仑在埃及战役中所获藏品而建；

3.欧洲中世纪、文艺复兴和现代雕塑馆，这里收藏了历代法国国王收藏的青铜器、陶器、珠宝、家具等；

4.希腊和罗马艺术馆，以青铜器、陶器、建筑、雕塑为其特色；

5.历代绘画馆，藏品包括从古代到近、现代的各个流派的绘画作品；

6.装饰艺术馆。

这里不乏像米勒的《拾穗者》、拉斐尔的《园丁圣母》、米开朗琪罗的《奴隶》这样的稀世珍品，但久负盛名的还要数雕像《米洛斯的维纳斯》及《胜利女神尼卡》和达·芬奇的名画《蒙娜丽莎》。

维纳斯雕像相传出自古希腊名师亚历山德罗斯之手，是用一块半透明的白云石雕成的古罗马神话中爱与美的女神维纳斯的全身雕像。1820 年在希腊的米洛斯岛上的一个山洞里被发现，故俗称"米洛斯的维纳斯"。

无头断臂、双翅舒展欲飞的雕像《胜利女神尼卡》是公元前 3 世纪的一位雕刻家的作品。它是 1863 年在爱琴海的萨莫雷斯岛上被发现的，所以又叫"萨莫雷斯有翼女神"。据说这是古代匠人为纪念一次希腊海战而作的，高达 2 米，表现了那种似欲凌风而去的风姿，体现了高度精湛的艺术技巧。

馆内还有众多欧洲其他国家的作品，确实堪称艺术品的宝库。

1981 年确定的大卢浮宫计划是为了让卢浮宫彻底地改头换面，在 20 世纪末为卢浮宫的历史增添了新的篇章。

作为百科全书式真实写照的博物馆，卢浮宫以新的面貌展现在人们的面前，可使参观者发现它的奥秘，鉴定它的真迹。

←卢浮宫内收藏的作品：米勒的《拾穗者》和著名的雕像《米洛斯的维纳斯》、《胜利女神尼卡》。

一 空灵奇美的布达拉宫

布达拉宫位于西藏拉萨西部的布达拉山（红山）上，以其神秘的宗教氛围、突兀的造型和强烈的色彩对比而著称。

据史书上记载，松赞干布迎娶文成公主为妻，为向世人夸耀，在当时的红山上建9层楼宫殿1000间，取名布达拉宫，作为文成公主的居所。当由松赞干布建立的吐蕃王朝灭亡之时，布达拉宫的大部分建筑毁于战火。

明末，在蒙古固始汗的武力支持下，五世达赖建立葛丹颇章王朝。1645年，开始重建布达拉宫，五世达赖由葛丹颇章宫移居白宫顶上的日光殿。1690年，在第巴桑杰嘉措的主持下，修改红宫五世达赖灵塔殿，1693年竣工。以后经历代达赖喇嘛的扩建，才达到今日的规模。

布达拉宫海拔3700多米，占地10多万平方米，外观分13层，高117.19米。它依山叠砌，蜿蜒到山顶。宫内主建筑形体完全依附于地形的起伏变化，创造出各种奇特雄伟的造型。它由东部的白宫（达赖喇嘛居住的地方），中部的红宫（佛殿及历代达赖喇嘛灵塔殿）组成。红宫前面有一白色高耸的墙面为晒佛台，佛教节日时用来悬挂大幅佛像挂毯。整座布达拉宫殿宇重叠，金碧辉煌，气势雄伟，体现了西藏古代建筑艺术传统的独特风格。

布达拉宫是历世达赖喇嘛的冬宫，也是过去西藏地方统治者政教合一的统治中心，从五世达赖喇嘛起，重大的宗教、政治仪式均在此举行，同时又是供奉历世达赖喇嘛灵塔的地方。

布达拉宫内的几个主要宫殿都各具特色。

法主禅定宫，在布达拉宫的最高点上。建于公元7世纪，是一座岩洞式的佛堂，也是布达拉宫内现存的两座早期建筑之一。

圣者佛殿，在由吉卓布佛堂的楼上。原来是五世喇嘛坐禅修法的地方。殿内还有8尊木雕佛，用清代顺治帝赐给五世达赖的檀香木所雕成。

　　达赖灵塔殿（存放灵塔的殿堂），殿内有五世、七世、八世、九世、十三世达赖的 5 座灵塔殿。十三世达赖灵塔殿是宫内最大、最精致的一座。殿高 3 层，殿内有一尊用 50 多千克白银铸成的十三世达赖像，四周墙壁上绘有表现十三世达赖一生事迹的壁画。

　　东大殿，建于 17 世纪中叶，为白宫内最大的宫殿。这里是当时的西藏地方政府进行重大政治活动的场所。

　　西大殿，面积 680 多平方米，共有灵塔 8 座，其中五世达赖的是第一座，也是最大的一座。据记载仅镶包这一灵塔所用的黄金就达 11.9 万两之多，经过处理的达赖遗体就保存在塔体内。西大殿是五世达赖灵塔殿的享堂，它是红宫内最大的宫殿，西藏重大的宗教活动差不多都在这里举行。

　　从西大殿上楼，经画廊就到了曲结竹普（即松赞干布修法洞），这座公元 7 世纪的建筑是布达拉宫内最古老的建筑之一，里面保存有松赞干布、文成公主及其大臣的塑像。

　　三界兴盛殿在布达拉宫的中心，是红宫内最高的一座宫殿。这座宫殿又名萨松朗杰（意为胜三界），其中供奉清乾隆皇帝画像和"万岁"牌位。

　　坛城殿紧靠萨松朗杰殿，殿内有 3 个很大的铜制坛城（印度称为曼陀罗）。坛城是用来供奉密宗 3 个佛的。

↓西藏的象征——布达拉宫

　　今天，人们眼中的布达拉宫，不论是它独特的建筑方式，还是从宫殿本身所蕴藏的文化内涵看，都能感受到它的独特性。大殿内的壁画也算是布达拉宫内一道别致的风景，在这巨型绘画艺术长廊内，既记载有西藏佛教发展历史，又有五世达赖生平、文成公主进藏过程，还有西藏古代建筑形象和大量佛像金刚等，说它是一部珍贵的历史画卷也毫不为过。在人们心中，布达拉宫以其辉煌的雄姿和藏传佛教圣地的地位成为了藏民族的象征。

被离弃的科潘古城

玛雅人在公元初就建立了一些奴隶制国家联邦，公元4世纪到10世纪，玛雅文化达到了鼎盛时期，在这个时期内，有100多个城邦拥有象形文字铭刻，还有许多城邦没有文字记载。

←↑科潘古城遗址（上）以及太阳金字塔下神秘的雕像和刻满象形文字的台阶（左）

玛雅人最大的城邦之一科潘位于尤卡坦半岛南端。在科潘古城的遗址处，有两座纪念性的神庙建筑。其中一座的台阶上有两个狮头人身像，嘴里衔着一条蛇，一只手握着几条蛇，另一只手攥着象征神祇的火炬，有非常鲜明的艺术特色。另一座神庙前的石阶上，站立着一个代表太阳神的巨大人头石像，威武庄严，石像上雕有金星图案。庙下有一条地下通道将两座庙连在一起。两座神庙之间的地面上有一个用石块铺成的球场，面积有180多平方米。此外还有进行天文观测的建筑设施等。

玛雅象形文字研究最发达的地区是科潘，它的纪念碑和建筑物上的象形文字符号书写最美、刻制最精、字数最多。比如说，在科潘遗址中，有一条用2500多块加工过的方石砌成的六七十级的梯道，这是一座纪念性的建筑物。梯道共刻了2000多个象形文字符号，它是玛雅象形文字最长的铭刻，也是世界上少见的珍贵文物，由此被称为"象形文字梯道"。

不仅如此，科潘的政治与经济实力仅次于玛雅文明的另一代表蒂卡尔，而远远超过其他城邦，在文化上则完全可以和蒂卡尔相媲美，甚至还有超越。有学者认为科潘的重要意义绝不在蒂卡尔之下，它们是玛雅文明两座最伟大的丰碑。

但是据记载，公元805年以后，玛雅人突然离弃科潘城北迁，科潘城随之变成一片废墟。这个谜团迄今为止还未有合理准确的解释。

一 被"凝固"的古城：庞贝和赫库兰尼姆

↑ 庞贝古城废墟的大门，透露着今日的荒凉与昔日的繁华

↓ 今天的庞贝古城遗址仍不失其宏伟的气势

庞贝城始建于公元前7世纪，公元前4世纪开始逐渐受到罗马势力的影响，公元前89年与赫库兰尼姆城一同并入罗马。

庞贝城和赫库兰尼姆城相距8千米，位于意大利那不勒斯东南的维苏威火山脚下。这里濒临海湾，阳光明媚，气候宜人。因此很多人都选择在这里生活、工作，其中不乏知名的权贵和富豪。随着时间的推移，人口数量不断增加，城市规模不断扩大，街市也日益繁荣。

庞贝城和赫库兰尼姆城舒适的气候和安宁的生活并没有永远持续下去。在公元79年8月24日这一天，灾难从天而降，维苏威火山爆发，天堂转瞬间成为地狱。

早在公元79年8月初，维苏威火山就开始不断冒出股股白烟，出现火山爆发的前兆。但是这一险情并没有引起人们的特别关注，因为以前这里也经常出现这种情况，而每次都是瞬间就烟消云散了。他们照常生活、工作。可是这一次，好运并没有光临他们，粗心大意使他们付出了惨重的代价。

8月24日这天，两城的居民像往常一样开始了他们一天的生活。中午时分，毁灭性的灾难到来了。随着一声震耳欲聋的爆炸声，维苏威火山口岩浆汹涌而出，直冲云霄，遮天蔽日的黑烟挟带着滚烫的火山灰向人们袭来，刹那间天昏地暗。之后，火山爆发引发的暴雨扫荡着山上的石块、泥沙、火山灰，继而形成巨大的泥石流，顺着山势滚滚而下，冲向山麓平原。

庞贝城、赫库兰尼姆城遭到了彻底的摧毁。待烟消云散、土地冷却之后，庞贝城、赫库兰尼姆城这两座昔日繁华热闹的城市已被灼热的岩浆、火山灰和泥石流所埋葬，它们的历史就此戛然而止。

↑ （左）庞贝古城的内部景观 （右）从今人的模拟图中更能清楚地看出这些遇难者生命凝固的瞬间。

　　后来，维苏威火山多次爆发。由于火山灰和熔岩的多次覆盖，致使地下的古城埋得越来越深，后人再也无法见到古城的踪迹。

　　千百年来，人们只能从古籍史册中或者是传说中知道曾经有过这两座古城的存在，但它们是什么样子，究竟在哪里，却一直是个不解之谜。

　　直到1600多年后，一个偶然的发现使得被遗忘已久的庞贝古城重新出现在世人面前。

　　18世纪上半叶，有人在离那不勒斯不远处挖出一块刻有"庞贝"字样的石头。经考察，这里就是罗马古城——庞贝城。不久，不远处的赫库兰尼姆城也被发现。

　　随后，经过长达100多年大规模的系统挖掘，庞贝城这座沉睡了1000多年的古城逐渐露出它本来的面目。但是，赫库兰尼姆城迄今只挖出其中的一部分，因为其被厚达10多米的坚固熔岩所覆盖，致使其发掘工作困难重重。

　　庞贝城由于受火山尘砾的保护，致使其当年的城郭结构、建筑装饰乃至居民的生活用品得以保持原状，甚至绘画颜色都鲜艳如初。这座在骤然之间被外力"凝固"的城市，就像一座天然的历史博物馆，鲜活地向人们展示出公元79年8月24日这一天庞贝古城的景象。

　　发掘的古城建筑在一个五边形台地上。城址略呈长方形，周围建有石砌城墙。它的城区规划得井然有序，东西向、南北向各有两条平坦笔直的大街，把全城划分为9个城区，每个城区又有许多街、巷纵横相连。街道路面用碎石铺成，路边还铺有高出路面的石块。

　　城西南有一个长方形广场，据残存的大理石圆柱和雕琢精美的拱门推测，这里应该是全城的政治、经济和宗教活动中心。

　　广场四周建有政府办公楼和法院。在广场的东北角，考古学家在那里发现了干枯的杏仁、胡桃、无花果、栗子、葡萄等果品，据此推测，这里应该是一个商品集散地。

　　城的东南有一个圆形剧场，剧场四周是环形观众席，中心低处为舞台，同时兼做角斗场，可容纳观众5000人。剧场附近还有一座体育场，近乎正方形。体育场三边围以圆柱长廊，黄柱红瓦，醒目亮丽，场中央是一口游泳池。

庞贝城每个城门设有 2 个城塔。

从已发掘出的遗址、遗物来看，庞贝城是个手工业相当发达的城市。榨橄榄油作坊、纺织作坊、面包作坊、羊毛纺织印染作坊星罗棋布，这些作坊的设备都很齐全。城里还有很多的小酒店、小客栈、小商店。

令人瞠目结舌的是，庞贝城竟然具有完整的供水系统。泉水从城外山上通过高架渡槽引入城中水塔，再通过铅制供水管分流到城中各处。在十字路口设有带雕像的石头水槽，高近 1 米，长约 2 米，供市民饮用。城内有 3 座公共浴室，每座用一个锅炉统一烧水，将热水、温水分别导入男女浴室。公共浴室设施齐全，蒸汽浴、冷热浴俱全，还有按摩室、化妆室，装饰华丽，比起现代公共浴室有过之而无不及。

庞贝城除了富丽堂皇的公共建筑外，还有许多达官贵人的别墅。这些住宅装饰华美，无不弥漫着古罗马式的奢华情调。

在庞贝城中最引人注目的是那些色彩鲜艳的壁画。

1831 年，庞贝城出土了著名的镶拼画《伊索斯之战》。该画高 2.3 米，宽 4.5 米，表现出了极高的制作水平。整幅画约用了 150 万块嵌片，嵌片之间镶接得天衣无缝。整幅画有很强的立体感，明暗层次分明，显示了画家极高的技艺水平。

在考古学家们从庞贝城清理出的壁画中，以神话和传说为题材的作品很多，其中以《伊菲革涅亚的献祭》最为杰出。

庞贝城灿烂辉煌的壁画把人们带到了公元之初的罗马社会，但是发掘之中，这座曾经繁华美丽的古城却向人们展示了一幕人间地狱的惨状，2000 多具死者的骸骨被挖掘了出来。

赫库兰尼姆城的居民也没能全数逃脱，火山爆发引起的海啸切断了他们的生路，许多人葬身于海边。考古学家们在海边发现了一具具保存完好的骸骨，其中有妇女、孩子、战士和老人。

庞贝城和赫库兰尼姆城就这样在大自然的威力下被埋没了，但历史并没有忘记它们。经过考古学家们的努力，庞贝城得以重见天日，赫库兰尼姆城也终有一天会全部现身。

一 自由女神像的由来

↑在海边守望的自由女神

自由女神像坐落在美国纽约港入口处的自由岛上，她手持火炬，目视前方。

自由女神像重 225 吨，高 46 米，连同基座高 93 米。其全称为"自由女神铜像国家纪念碑"，正式名称是"照耀世界的自由女神"。

女神双唇紧闭，头戴光芒四射的冠冕，身着罗马古代长袍，右手高擎长达 12 米的火炬，左手紧抱一部《美国独立宣言》的书板，上面刻着《美国独立宣言》发表的日期"1776.7.4"字样，脚上残留着被挣断了的锁链。气宇轩昂，神态刚毅，象征暴政统治已被推翻，宣布获得自由。花岗岩构筑的神像基座上，镌刻着美国女诗人埃玛·娜莎罗其的一首脍炙人口的诗：

送给我

你那些疲乏的和贫困的挤在一起渴望自由

呼吸的大众

你那熙熙攘攘的岸上被遗弃的可怜的人群

你那无家可归饱经风霜的人们

一齐送给我

我站在家门口

高举自由的灯火

自由女神像这一艺术杰作出自 19 世纪后期一位才华横溢的雕塑家之手，他的名字叫弗雷德里克·奥古斯特·巴托尔蒂。

1834 年，巴托尔蒂出生在法国的一个意大利家庭里。他从青年时代起就酷爱雕塑艺术，从某种意义上说，自由女神的形象很早就存在于他的心中了。1851 年，路易·拿破仑·波拿巴发动政变推翻第二共和国后的一天，一群共和党人在街头筑起防御工事。

↑ 高擎火炬的自由女神(左)和自由女神的铸造者——巴托尔蒂(右)

暮色苍茫时，一个年轻姑娘手持熊熊的火炬，越过障碍物，高呼"前进"的口号向敌人冲去。随着一声枪响，姑娘倒在血泊中。巴托尔蒂亲眼目睹了那个血腥的场面，心情久久不能平静。从此，这位高擎火炬的勇敢姑娘成了他心中追求自由的象征。

1865 年，法国学者拉布莱伊提议，塑造一座象征自由的塑像作为法国政府送给美国政府庆祝美国独立 100 周年的礼物。这个提议让巴托尔蒂产生了塑造自由女神像的灵感和冲动。

↓ 自由女神像头部特写

在一次婚礼上，巴托尔蒂邂逅了一位名叫让娜的姑娘。让娜长得美丽端庄，仪态万方。巴托尔蒂认为让她来为自由女神像做模特是十分相称的。现在人们看到的自由女神像的形体就是以让娜为原型创作的，而自由女神像的面孔则是以巴托尔蒂的母亲为原型。

1869 年，自由女神像的草图设计完成，巴托尔蒂便开始全心全意地投入雕塑工作。他还曾去美国旅行，征求美国人对塑像的意见，于是，这件雕塑品顿时成为美国人人渴望欣赏的艺术珍品。不久，美国国会便通过了决议，正式批准总统提出的接受自由女神像的请求，同时确定贝德罗岛为安放自由女神像的地点。

1884 年 7 月 6 日，自由女神像正式赠送给美国。

1886 年初，75 名工人爬上高高的脚手架，用 30 万只铆钉把自由女神像的每一个零件钉到它的骨架上。10 月中旬，自由女神像的修建安装终于全部完工。10 月 28 日，美国总统克利夫兰亲自参加自由女神像揭幕典礼并发表了讲话，无数群众簇拥在自由女神像周围，怀着激动的心情仰望自由女神像庄严的面容。

狮身人面像的千年谜题

↑世界上最著名的狮身人面像位于吉萨金字塔旁

　　古埃及、古希腊以及地中海东岸一些地区的民间传说中有一种兽身人面的怪物。这种怪物后来成了庙宇、陵墓的守护神，象征着国王（法老）的威严，所以在国王的陵墓金字塔附近往往就有这种怪物的雕像，人们把它叫作"狮身人面像"，又称"斯芬克司"。

　　在埃及吉萨金字塔附近的狮身人面像，高约20米，长约57米，是世界上最著名的狮身人面像，已经有4500多年的历史。关于这个狮身人面像的形成有一段流传千年的神话。

　　相传远古时代在埃及有一个叫斯芬克司的妖怪，当人们从它面前走过时，它必定会把那些人拦住并且问道："什么动物早上有4只脚，中午有2只脚，晚上有3只脚？"如果人们回答不出，它就会把人一口吞下。就这样，许多年过去了，它也不知道吃了多少人。有一天，又来了一个人，它仍然这样提问。那人回答道："是人。人在幼年时，是用两手两脚在地上爬，长大后用2只脚走路，到了老年，只得拄着拐杖行走了，所以说是用3只脚走路。"当这个人把答案说完后，斯芬克司立刻变成雕像，从此永远蹲伏在那里。

　　然而这毕竟是神话，人们仍是困惑，这个庞然大物究竟怎样建造起来的呢？

　　近年来，地质学家经过考察、研究发现，在一个悬崖峭壁的顶端，散乱着耸立的白垩岩。在漫长的年代中，这些白垩岩饱受风沙的吹袭、侵蚀，渐渐地形成了各种各样的形状，无定向的旋风把埃及沙漠上的白垩岩刻蚀得像一个个大蘑菇，把靠近巴拉特如穆特的达赫拉沙漠上的白垩岩雕琢得犹如一只只蹲着的巨兽。而在那一带又多是古埃及国王的陵墓，于是这种初具兽形的白垩岩在国王营造他们的陵墓时，便加以雕工刻凿，成为国王威严的象征，同时作为陵墓的守护神。

　　这种依形加工的艺术，在世界其他文明古国中也有，如我国四川省的乐山大佛，就是依着山岩凿成的。狮身人面像雕成以后，经过4500多年的风沙侵袭剥蚀，现在已变得面目全非。

一 神秘之都佩特拉城

在死海和阿尔巴湾（今约旦境内）之间的西克山峡中，隐藏着一个神秘之都——佩特拉城。它是从岩石中雕凿出来的，并因岩石的色彩而闻名于世。它犹如一位矜持的蒙纱少女，从不轻易将美貌示人。

西克山峡深约 1.5 千米～2 千米，蜿蜒深入，直达山腰的岩石要塞。里面漆黑一片，回声荡漾，令人毛骨悚然，在这阴森恐怖的岩石窄道尽头，却别有洞天。

穿过岩石窄道，首先映入眼帘的是一座位于广场正面的宏伟宫殿——哈兹纳宫，它是佩特拉最负盛名的建筑。宫室雕凿在陡峭而坚固的岩石上，共分上下两层，高 50 米，宽 30 米。底层由 6 根直径 2 米的大圆柱支撑着前殿，构成堂皇的柱廊。顶层 6 根圆形石柱附壁雕成，柱与柱之间是神龛，供奉着圣母、带翅武士等神像。然而真正使哈兹纳宫声名远扬的还是其独特的色彩。由于整座建筑雕凿在沙石壁里，在阳光照耀下，粉色、橘黄色、红色以及深红色层次生动分明，衬着黄、白、紫三色条纹，沙石壁闪闪烁烁，神奇无比。

↑西克山峡后面别有洞天

↓广场正面宏伟的宫殿——哈兹纳宫

西克山峡南面的半山腰上是欧翁石宫。令人惊叹的是，数百平方米的大殿内居然没有一根支撑的柱子，真是巧夺天工。欧翁石宫的两侧是石窟群，向东西两侧延伸，远远望去，密密麻麻，如蜂巢一般。

在欧翁石宫的斜对面是一座罗马式露天大剧场。看台依山坡呈扇形散开。舞台用巨石铺砌而成，由数十层阶梯石座环护着，犹如众星捧月。更神奇的是，在那个音响系统尚未发明的久远年代里，可容纳 6000 人的剧场居然会有天然的音响效果。只要站在舞台前的中心点击掌、说话，便能形成强烈的回音，而且声音可以清晰地扩散，即使坐在最后一排也能听得一清二楚，剧场内每隔 10 层阶梯就筑有一个通道。

再者就是处于中心位置的巨大广场。遍地岩景天生自然，远远望去，悬崖绝壁环抱，形成天然城墙；壁上两处断口，形成进出的通道；中间则是一个巨大的广场。大量的石窟构成片片楼群，在阳光照耀下发出夺目的玫瑰色光芒，宛如天上的琼楼仙阁。真是一座名副其实的"玫瑰色石头城"。

↑ 山峡中的神秘之都——佩特拉城

佩特拉古城究竟出自何人之手？是大自然的鬼斧神工吗？它有一段怎样的过去呢？

据历史学家考证：这座石城是 2500 年前纳巴泰民族鬼斧神工的见证。纳巴泰人是阿拉伯游牧民族，约在公元前 6 世纪从阿拉伯半岛北移进入该地区（今约旦和南叙利亚境内）。佩特拉是他们建造的最引以为豪的安居地。这里是一个安居乐业的好去处：第一，它易守难攻，唯一的入口是狭窄的山峡，敌方无法调集大军攻城，可以做到"一夫当关，万夫莫开"。第二，资源丰富，环抱城市的高地平原上森林繁茂，木材丰富，牧草肥沃，利于游牧。第三，水源充足，一股终年不断的喷泉提供了可靠的水源。

佩特拉地处亚洲去欧洲的主要商道附近。公元前 4 世纪，纳巴泰人又充分利用这一地理优势大获其利。来自世界各地的商人们押运着满载货物的骆驼队经过佩特拉门前——经波斯湾输入的印度香料、埃及的黄金以及中国的丝绸，源源不断地运往大马士革、泰尔以及加沙等地的市场。与此同时，佩特拉还是通往希腊和地中海各地的门户，接近商业要路的纳巴泰人得天独厚，盈利不少。他们有时也为旅客、商队及牲口做向导，做提供食物和饮用水等有偿服务。当时的佩特拉算得上是文化交流中心。可是，到了公元 2 世纪末，交易的中心转移到幼发拉底河，纳巴泰人便逐渐被人淡忘了。公元 4 世纪，地震毁坏了这座古城，许多人丧生，还有许多人逃离此地。公元 551 年，佩特拉城再次遭受严重地震。从此，佩特拉由生机勃勃的贸易中心变成一座死城，公元 12 世纪以后更是如同人间蒸发一样销声匿迹了。

纳巴泰人从此消失了吗？他们为什么要修建一座这样的城市？它又是如何修建的？它有什么用途？有人猜测，纳巴泰人继承和吸收了早期居民的风俗习惯，公元前 3 世纪定都佩特拉后，在岩石中开凿建筑物已成为一种风俗。一些学者认为这些建筑是当时纳巴泰人从峭壁的顶端开始向下凿刻而成的，是用来给国王、武士或官员当墓穴的。他们相信该民族可能把已故的国王们视为神灵，把他们的陵墓视为神庙。

然而，这些都只是猜测。佩特拉就像一本仅翻开几页的书，谜团重重，有待人们耐心、仔细地去品读，去感悟。

一 "千年一梦" 古格王国

在中国西藏西部, 有一个被誉为 "世界屋脊的屋脊" 的神秘高原——阿里高原。它位于中国西部边境, 与尼泊尔、印度接壤, 衔接东亚、南亚和中亚, 是西藏自然风景最为神奇的地方。

阿里高原的象泉河南岸台地上突兀地立着一座残垣断壁的古堡, 这就是神秘消失的古格王国都城遗址。

古格王国遗址占地约 18 万平方米, 整个遗址建筑共有房屋洞窟 300 多处、高达 10 余米的佛塔 3 座、寺庙 4 座、殿堂 2 间及地下暗道 2 条, 分上、中、下 3 层, 依次为王宫、寺庙和民居。

↑古格王国遗址

古格王国的消失, 使一个具有数百年历史的繁华城堡不复存在, 使这些融汇着东西方文化精华的文明从此销声匿迹。

阿里高原上人类活动的历史可以追溯到旧石器时代晚期。西藏古老文化的发源地之一的象雄, 在吐蕃王朝建立之前, 已是雄踞西藏高原的一个强大的部落联盟。公元 7 世纪, 象雄被强大的吐蕃王国所灭。吐蕃王国的晚期, 其王室内部争权夺利十分激烈, 王室直系后裔吉德·尼玛衮在斗争中失败, 逃亡到阿里建立了一个小王朝。后来, 吉德·尼玛衮将阿里一分为三, 分封给他的三个儿子, 古格王国就是其三子德祖衮的封地。

古格王国复兴佛教, 迎请印度高僧整顿教义, 不惜重金修建了许多著名寺院。王室成员在弘扬佛教方面更是身体力行, 常有出家修行者。

古格王室虽然笃信佛教, 但仍一直坚持政教分离、王权至高无上的原则。然而, 元代以来在西藏确立的政教合一的体制, 对古格王国产生了深远的影响。在这种

↑古格王国遗址宫殿中的精美的 "白度母" 壁画极富装饰性。

背景下, 古格王国的喇嘛集团对政权的兴趣越来越大, 与王室发生矛盾也就不可避免了。

葡萄牙传教士安德拉德等人的到来, 成为了古格王室与喇嘛集团矛盾表面化的导火索。古格王室为了巩固王权, 压制喇嘛集团, 从而支持天主教弘扬其教法。但是王室的做法并没有得到民众的理解与支持, 反而导致喇嘛集团的暴动。此时, 与古格王国同宗的拉达克王国趁机出兵。拉达克人灭掉了自己的兄弟之国后, 并没有在这片血染的土地上立脚, 他们在胜利的狂欢中把这座城堡变成了一片废墟。

一个曾经有过 700 年灿烂文明史的古格王国消失了, 曾有着英雄色彩的古格人也从此杳无踪影。只留下这座缄默肃立的残垣断壁, 屹立于风雨之中, 岿然不动。

东方的庞贝－尼雅王国

↓英国探险家斯坦因在中国新疆

20世纪初，英国人斯坦因在新疆塔克拉玛干沙漠南缘的尼雅河畔发现了一座古城遗址，并挖掘出12箱封存千年的各种珍贵文物。当他把这些文物带回英国时，震惊了西方学者。这就是被其称为东方"庞贝城"的尼雅遗址。有人提出，斯坦因所发现的尼雅遗址，就是中国史籍中记载的西域36国之一的精绝国。精绝国在公元3世纪时突然消失了，但是斯坦因的发现又使精绝国惊现于世。

可是，精绝国是如何从历史上消失的？它为何被埋没于滚滚黄沙之中？为什么繁盛的绿洲变成了死亡的废墟？为此，历史学家们既困惑不解又争论不休。许多人认为，尼雅之所以被废弃埋没于沙海之中，是因为尼雅人大肆砍伐树木，破坏生态环境，致使水源枯竭，风沙肆虐，绿洲消失，最终被湮没于茫茫沙海之下，也有许多人对此持怀疑和否定的观点。

为揭开这千古之谜，1995年，中日两国考古学家深入塔克拉玛干沙漠，开始对尼雅遗址进行大规模科学考察。这次考古价值最高的发现是大量保存完好、特色鲜明的织锦和写有佉卢文的木简函牍。

大量的佉卢文档案让考古学家们欣喜若狂。通过解读它们发现，尼雅王国长期受

↑在尼雅遗址中发现的织锦

到来自西南方SUPIS人的威胁与入侵。木牍的文字表明，SUPIS人对尼雅王国从威胁到入侵一步步地加深，如"SUPIS人之威胁令人担忧，余等将对城内居民进行清查"、"现有人带来关于SUPIS人进攻之重要消息"。也有的表明尼雅人无法抵御强大的SUPIS人的进攻，"SUPIS人从该处将马抢走"、"SUPIS人抢走彼之名菩达色罗的奴隶"。

考察中发现，废墟中尸骨累累，用来存放佉卢文的陶瓮密封完好没有拆阅，储藏室里仍有大量的食物，甚至纺车上还有一缕丝线。这一切似乎告诉人们尼雅王国在面临长期的入侵威胁后，遭到了惨重的致命一击，甚至没有留下最后的文字记载。

↑位于塔克拉玛干边缘的尼雅遗址

但是在各种史书上从来没有关于SUPIS人的任何记载，这个凶猛好战而富于侵略性的民族会是些什么人？尼雅王国后裔们的命运如何？这些未解之谜让历史学家们百思不得其解，而尼雅王国的最后归宿，又令人嗟叹不已。

十一 旷世杰作—蒂华纳科古城

↑远眺蒂华纳科古城

蒂华纳科古城位于南美洲玻利维亚，与神秘的马丘比丘古城一起，被誉为南美最负盛名的两大古城。1995 年 5 月，蒂华纳科古城遗址被联合国教科文组织列入《世界文化遗产名录》。

蒂华纳科古城位于玻利维亚境内的的喀喀湖以南约 20 千米处，海拔高达 4000 米的高原之上。那里的气压只有海平面气压的一半，空气中氧含量稀少。对一个非本地人来说，哪怕是轻微的体力劳动都将使他无法忍受。但是，就在这样一个连生存都很困难的高原之上，却曾经出现过高度发达的古代文明。

"蒂华纳科"在古印第安语中有"创世中心"的意思。它的名字和它的实际情况高度吻合。从远处看蒂华纳科古城，异常宏伟壮观，它将大批的宗教建筑、绘画雕刻以及高度发达的古文化汇集于一地。16 世纪，西班牙人入侵玻利维亚之后不久，对蒂华纳科城的珍贵历史文物肆意掠夺、破坏和毁灭。

史学家维加目睹古城的壮观气势后，抑制不住内心的激动，写道："尤其值得一提的是蒂华纳科城中庞大的、令人叹为观止的建筑。其中最引人瞩目的是整块岩石凿成的石门，这些石门矗立在长达 9 米、宽达 4.5 米、厚达 1.8 米的基座上，而基座和门是用同一块岩石雕凿而成的。当时的人类，使用什么方法，运用什么工具和器械，完成了规模如此庞大的建筑工程？这个问题我们无从回答，我们也无从得知如此巨大的石头当初是使用什么交通工具运载到这儿来的。"

现存的蒂华纳科古城遗址主要包括太阳门、地下神庙、亚卡帕纳金字塔以及卡拉萨萨雅广场四部分。

太阳门

太阳门被称为"世界考古最伟大的发现之一"，也是蒂华纳科古城最吸引人的地方，它不但是一件世界级的艺术精品，而且被专家们认定是雕刻在石头上的一套既繁复又精确的历法。

→蒂华纳科古城的巨石门

太阳门矗立在古城的西北角,是一座用整块青灰色巨石雕琢而成的建筑。

太阳门的两侧画着 48 幅方形图案,分列 3 排,簇拥着太阳门上方一个会飞的"神"。此外,太阳门上还镂刻有许多象形文字。后经考古工作者阿希敦破译后,认定这些象形文字是一份天文历。

↑ 太阳门上精美的花纹
← 现代人绘制的后弓兽复原图
↓ 蒂华纳科古城出土的陶器

太阳门东的正面门楣上画着一些"回纹"图形,它们是一系列代表阶梯金字塔的几何图形,连绵不绝地排列在门楣上,有的倒立,有些直立。右边第三列上面雕刻的是一种动物的头颅、耳朵、长牙和鼻,类似今天的大象。

围绕该图形,考古学界形成了关于蒂华纳科古城建立年代的争论。考古学家们推定,蒂华纳科的建城年代属于洪积世末期。此说向历史学界的正统观点——蒂华纳科古城只有 1500 余年的历史——提出了严峻的挑战。

此外,在蒂华纳科发现的古生物图形中,还包括一种学名为"后弓兽"的动物,这是一种体形略大于马、足部有明显三趾、在昼间活动的已经灭绝的古代哺乳动物。由此可见,太阳门不仅清晰地记录了天文学家的观测和计算,而且是一本记录古代珍禽异兽的"图画书"。

地下神庙

地下神庙是蒂华纳科古城的第二个奇观,坐落在一个像一座游泳池的大坑洞中,深达 1.8 米。庙堂的地板用坚硬平滑的碎石铺成,长约 12 米、宽约 9 米。墙十分坚固挺直,由许多大小不一的方石组成,搭配得天衣无缝。沿着墙体,每隔一段距离便矗立着一根高大粗糙的石柱。

很久以前,有个不知名的工匠将维拉科查(印度传说中的神)的肖像雕刻在一根高大的红色石柱上。他的额头宽阔,眼睛又大又圆,鼻子挺直,嘴唇丰润,鼻梁虽然狭窄,却向两边伸展到鼻孔。整张脸庞最引人注目的特征是造型奇特、令人望而生畏的胡须,这使他的下颚看起来比额头还要宽。

尽管饱受风沙侵蚀,但肖像所呈现的面容依旧很祥和恬静,流露出一种莫名的震撼力。

地下神庙里除维拉查科神像外,墙壁上还有数以百计用岩石雕成的人头。这些人头一颗颗从墙上凸出来,栩栩如生。至于它们有何意义,学术界则是众说纷纭。

↓蒂华纳科古城墙上奇特的人面石雕

亚卡帕纳金字塔

地下神庙的西边是亚卡帕纳金字塔。亚卡帕纳金字塔依循东、西、南、北四个基本方位兴建，精确度令人叹为观止。

在金字塔内部，考古学家发现了一个纵横交错、用上等方石砌成的渠道网。这些渠道的角度和连接点都经过仔细测量和设计，误差只有0.5毫米。

关于修建亚卡帕纳金字塔的目的，考古学界有以下4种看法：

一、认为这是一个引水系统，目的是用来引水；

二、认为这些人工水道可能是洗矿设备的一部分，也许是用来冲洗附近开采的矿砂的；

三、认为亚卡帕纳金字塔的兴建跟祭拜雨神或河神的某种原始宗教有关，目的是对水的威力表示无上的敬意；

四、认为亚卡帕纳金字塔内部神秘的"科技装置"跟死亡有关。

卡拉萨萨雅广场

卡拉萨萨雅广场位于蒂华纳科古城西南角，被当地人称为"石头竖立的地方"。广场旁那座用不等边四边形巨石砌成的墙，每隔一段相等的距离就竖立着一根形状如短剑、高约3.6米的石柱。以这种方式建成的石栅栏相当辽阔，面积约46平方米。

修建卡拉萨萨雅广场的目的到底是什么，多数学者认为，主要用于观测天象，确定春分、秋分、夏至、冬至的日期，精确预测一年四季。墙中的某些装置（包括墙体本身）显然是配合天上的某些星座而设计的，以方便测量春、夏、秋、冬四季太阳出没的方位角。

史学家皮德罗·迪里昂在论及蒂华纳科古城时写道："每一个到过蒂华纳科古城的人都不能不为它的恢弘气派和神秘气氛所震慑，每一个考古学家都会有探寻它的真正主人的欲望。"

400多年后的今天，尽管蒂华纳科城历经岁月摧残，但它的气势仍然撼人心灵。

面对蒂华纳科城这座神秘古城，人们不免心存疑问：蒂华纳科城的祖先们究竟借助什么样的工具建造了这样宏大的工程？为什么西班牙殖民者要将蒂华纳科古城变成采石场？这些问题不得而知，但有一点不会改变的就是蒂华纳科城消失了，人类的这一旷世艺术之作遭到了毁灭。

十 "空中之城"马丘比丘

马丘比丘，在印加语中意为"古老的山巅"。古城四周被崇山峻岭环抱，两边为 600 米的悬崖峭壁，下临湍急的乌鲁班巴河，形势十分险要。

早在公元前，印加人就在这里休养生息，创造了灿烂的文化。后来不知何故，昌盛一时的古城竟变成一座空城，埋没长达 400 多年，不为人们所知。直到 1911 年，美国耶鲁大学南美历史学教授海勒姆·宾加曼只身攀登上险峭的悬崖，马丘比丘才像一颗深埋已久的珍珠，以耀眼的光辉展现在人们面前。

马丘比丘面积为 13 平方千米，古城的建筑多用巨大的石块堆砌而成，石块与石块之间不用任何黏合物，只是利用石块自然的形状大小镶嵌堆砌，但建筑物却异常牢固，石块间的接缝也非常严密，甚至连一片刀片都插不进去。城垣也是由花岗岩筑成的，逶迤壮观，有"秘鲁长城"之称。

马丘比丘城中除了有一般的屋宅、广场等建筑遗迹外，主要是神殿、寺庙、金字塔、石阶等宗教建筑的遗迹。

宾加曼评论说，马丘比丘的砖石建筑是令人难以置信的奇观。当地人把巨大的花岗岩石块砌在一起，却又不使用沙浆，这在建筑史上简直是个奇迹。各种不同形状的石块，被巧妙而又精确地相互拼合起来，成为一体，看上去似乎只是一大块石头。

宾加曼来到这里时，这座被遗弃了数百年之久、又被森林蚕食了的古城，已是满目疮痍，令人意外的是，石砖建筑结构遭到的毁坏极少。

据现在的考察发现，这里可能是个宗教活动的聚集地。关于它建成的年代还没有一个确切的说法，比较认同的观点是建于 15 世纪末，印加帝国向外扩张势力的鼎盛时期。

从挖掘出的头骨，推断出女性人数与男性人数的比例为 10：1，由此使人们推测：这里曾是个宗教祭奠活动的场所，这里的人们崇拜太阳，因为女人被视为"太阳的贞女"。

↓从这些密集的断垣残壁可以推测这里曾经一度兴旺繁盛。

人们推测马丘比丘崇敬太阳的说法，还有另一个迹象证明，那就是一座名叫"拴住太阳的地方"的建筑。那座建筑是一个奇妙的石头结构，看样子像是个复杂的天文装置，当其他东西都残迹全无时，唯独它存留至今。

考古学家认为：这是用来计算一些重要日期的，如夏至、冬至等。它的名字好像与一种庆典有关，因为据称在冬至那天太阳被拴在这里。而且，在太阳塔上，似曾有过对太阳系的观察与研究。那个塔是个马蹄形的建筑，朝东的一扇窗子很特殊，它在冬至那一天，可以抓住太阳的光线。另外，在三窗寺，那三扇排成直线的窗户，以及屋子中央那一块笔直的长方形石块，这些显然都有着某种特殊的意义，每当夏至日或冬至日，印加人便在此举行太阳节的庆典活动。

↑在马丘比丘遗址随处可见的神庙

关于马丘比丘是怎样建成的，又为什么没落，至今还是一个谜。

有人认为，印加人不可能在没有马犬畜，没有铁制工具，没有车轮知识的年代里，建造出如此绝妙的砖石建筑。尽管他们确实是一个极具智慧的民族。即使如此，若没有用来进行切割与运输整块巨石的实用工具，是绝不可能建造出马丘比丘来的。所以，他们认为是外星人光临创造的。

还有人认为这一切都是印加帝国祖先所创造的成果。

关于它是怎样没落的，更是众说纷纭。

很多人认为是因为西班牙殖民者的原因。可是根据历史记载，当年侵略者的铁蹄并未踏向这里，并且，考古学家在研究中发现，早在公元1533年，西班牙人入侵印加帝国之前，马丘比丘人就已经离开了这座美丽的"空中之城"。即便真的是因为西班牙人的入侵，难道拥有万骑精锐的印加人不敢和100多人的西班牙入侵者战斗吗？这一切都使人很难信服这种说法。

时至今日，"空中之城"马丘比丘依然是一个未解之谜。

↑安第斯山脉上清晰可见的马丘比丘小道

一 "高棉之珠" 吴哥古城

　　吴哥窟和中国的万里长城、埃及的金字塔、印度尼西亚的婆罗浮屠齐名，被誉为 "东方四大奇迹" 之一，吴哥古迹更被誉为人类文明史上 "七大奇迹" 之一。

　　吴哥窟、吴哥古城是柬埔寨的象征，它是人类文化宝库中的明珠。

　　12 世纪前半叶是吴哥王朝的全盛时期，信奉婆罗门教的高棉国王苏利耶跋摩二世，为了炫耀自己的功绩，祭祀 "保护之神" 毗湿奴，从而在吴哥古城的城南建造了著名的吴哥窟。

　　吴哥古城规模宏伟而壮观，四周被护城河所环绕。城内有各式各样精美的宝塔寺院和庙宇。在吴哥古城中心的是巴扬庙，它和周围象征当时 16 个省的 16 座中塔和几十座小塔，构成了一组完美整齐的阶梯式塔型建筑群。

　　每一个王朝都会历经兴起和衰落，吴哥王朝也不例外。

　　随着吴哥王朝的衰落，吴哥古城也被湮没在茫茫的热带雨林之中。吴哥大约消失了 400 多年后，也就是公元 1858—1860 年间，一位法国探险家亨利·莫科在森林深处采集标本时，偶然看到了耸立着的无数宏伟建筑和千奇百怪的神兽石像。亨利·莫科根据周达观的《真腊风土记》的描绘和记载，对这一地区出土的碑版雕文进行了考证。终于证实了自己在森林深处所见到的，就是公元 9 世纪至 15 世纪时期，柬埔寨吴哥王朝的都城及古代东方的奇迹——吴哥窟。

　　重现于世的吴哥古迹，让世人为之倾倒、赞服，同时又引发了人们无穷的遐想，并对它的建造和消失产生了许多疑问。

何人建造了美妙绝伦的古城

吴哥古迹的这些建筑在垒砌时，没有使用黏合剂之类的材料，完全靠石块本身的重量和形状紧密相连，丝丝入扣。

它的每一块石头都经过精雕细琢，上面遍布浮雕壁画，其想象力之丰富、技艺之精湛、手法之娴熟，都让人难以置信，以至于人们普遍认为吴哥古迹是天神的杰作，不相信出自凡人之手。

是什么原因致使人去城空

通过考古学家对吴哥古城的考察认为，在这座古城最繁荣的时候，至少有近百万居民在这里生活过。

可就是这样一座繁荣昌盛的都城为什么会被湮没在茫茫丛林之中呢？在这里生活的居民到哪里去了？

有人猜测，或许是霍乱和流行瘟疫之类的疾病，使他们在极短时间内全部死亡。也有人猜测，可能是受到外敌侵占后，被赶到某个地方做了奴隶。

中国一些学者认为，人去城空的结局与暹罗人的不断入侵有关。自从暹罗人不断强大，高棉人便蒙受了深重的灾难和巨大的损失。日益衰竭的国力使高棉人无法应付暹罗人的挑战，只好采取回避的方式。

有人则认为，吴哥王朝的衰落和抵抗力的丧失，并非完全是暹罗人所造成的，而是高棉王族之间内部矛盾斗争发展的后果。这时，暹罗人入侵，从而导致了吴哥王朝放弃古城。

这些疑问至今没有任何人能够给出令人满意的答案，由于有关柬埔寨中古时代的史料极其缺乏，重现于世的吴哥古城只能留待后人去探索和研究。

→吴哥窟精美绝伦的浮雕艺术

十 瞬间消失的楼兰古国

↑残破的废墟向人们讲述着楼兰 1000 多年前的秘密。

↑楼兰古城出土的佛经汉文简牍

↑自然环境的日益恶化也许是导致楼兰消亡的罪魁祸首。

在塔里木盆地的东部、罗布泊洼地的西北边缘，曾经有一座著名的楼兰古城。但是这座昔日绿草遍地、车来车往、门庭若市的繁荣古城——楼兰，却在公元 4 世纪以后，突然神秘地消失了。是什么原因让它消失的呢？

多元文化的格局

楼兰文明处于东西方交通要道，荟萃了东西方文明的精华，是一个展示各民族文化交流的舞台，也是各种文化聚集融合的场所。楼兰古城出土的文物既包括汉晋时的绢、缣、帛、丝织金锦、汉人铁镜，也有带中亚风格的麻织面具、黄金冠饰、金耳环和金戒指等，还有来自波斯安息王朝的玻璃器皿和古希腊罗马风格的毛纺织品。可以说，当时的楼兰文化非常繁荣，集中原、中亚、西亚文化于一身，是一个多元文化并存的地方。

汉文简牍

经过考古挖掘，在楼兰古城出土了一些汉文木简和文书。这些文书主要是当地行政机构和驻军的各项公文及公私往来信件，它们记载了公元前 270 年楼兰文明的详细情况，是当时楼兰文明在政治、经济、文化等方面的真实写照。通过研究这些汉文木简和文书，可以大致了解楼兰文明的状况。

楼兰覆灭之因

公元 4 世纪以后，楼兰文明突然在瞬间消失了，漫漫黄沙遮盖住了曾经在这片土地上发生的一切。文明突然的蒸发，让考古学家惊诧不已。那么，到底是什么力量覆灭了楼兰的一切呢？考古学家们推测，在公元 4 世纪前后，当地的自然环境发生了较大变化，水源日益不足，环境恶化，生态失衡。楼兰人不得不放弃他们曾经坚守的故国，四处逃散，最终导致了楼兰文明的覆灭。不过，对于楼兰古国覆灭的真正原因还有待进一步考证。

第3章 秘境奇观

北纬 30 度的神秘力量、
史前文明的匪夷所思、
外星生物的种种遐想……
人类在无数的谜团中摸索、追寻；
寻找着答案。

神秘海鸣现象

↑澎湃的海鸣声振聋发聩

↑有节奏的海鸣声难道是海牛发出的？

↑广东湛江硇洲国际灯塔

自然界真是奥妙无穷，有沙鸣也有海鸣。

海鸣，就是海洋发出的鸣响声。惊涛拍岸的轰响、地震和火山引起的喧啸以及鱼类和其他海洋生物发出的声音都属于海鸣。可是，有些地方发生的海鸣，其原因却难以弄清。

我国广东省湛江硇洲岛东南海面，每当风云突变，天气异常，或风暴即将来临时，海面上就会发出一阵阵有节奏的"呜、呜、呜"的声响。这声音犹如闷雷，一高一低，错落有致。当地人对这声响甚感惊奇，但谁也弄不清它来自何处。

当地流传着这样一个说法：这种海鸣是沉放在海中的"水鼓"发出的。"水鼓"是很久很久以前建造硇洲岛国际灯塔时法国人放置的。

有人猜测"水鼓"是用作海上气象预报的。但也有人认为，"水鼓"是一种海况探测报警器，随时向人们发出风流变异的信息。可谁也没见过"水鼓"的模样，更不知它放在哪里。有关部门曾专门派出船只到硇洲岛东南一带海域巡视搜索，结果却一无所获。

1969年，人们曾在硇洲岛海域发现过一群海兽在游动，有人说是海牛。于是有人提出，奇怪的海鸣是海牛的嚎叫。可能是海牛预感到天气或海况即将变坏而烦躁不安所发出的叫声，也可能是海牛游动过程中相互联络的信号。

1976年以后，硇洲岛东南海面上的海鸣之声逐渐减弱。持"水鼓说"的人认为，这是"水鼓"年久失修，功能减退的结果；持"海牛说"的人认为，海鸣减弱是因为近年来人们在这一带海域活动明显增加，影响了海牛的正常活动和生活，使海牛迁徙到别处去的结果。

硇洲岛东南海面上海鸣的起因至今仍无定论。这个奥秘有待进一步探索。

一　极光成因之谜

1957 年 3 月 2 日，人们在黑龙江省呼玛县的上空观察到了离奇的光变。当时大约是晚上 7 点多，西北方的天空中出现了几个稀有的彩色光点。接着，光点放射出不断变化的橙黄色的强烈光线。不久，光线渐渐模糊而形成幕状。而后，彩色逐渐变弱，到 8 点 30 分消失。等到 10 点零 3 分，这一情景再次出现。

令人惊奇的是，在同一天晚上 7 点零 7 分，新疆北部阿尔泰山背后的天空也出现了鲜艳的红光。红色的天空里射出很多片状的东西，垂直于地面，形成白而略带黄色的光带。渐渐地，这光带变成了银白色。这些光带呈辐射状，逐渐向天顶推进。各光带之间呈淡红色，并且忽明忽暗。光带的长短也不断变化。7 点 40 分左右，光带伸展到天顶附近，这时的光色最为鲜明，好似一束白绸带飘扬在淡红色的天空中。大约 10 点，景色完全消失。

上述这种奇异的光变，被称为极光，这种自然现象通常只出现在地球南北两极的高空。

我国记载极光的历史已有几千年，当时的人们不了解这种自然现象的起因，而把它当作灾难的先兆。随着科学的进步，人们不再相信这种迷信的说法，而开始从科学的角度来观察它、研究它。

目前，关于极光的成因有以下两种说法：

第一种是，极光是由于太阳的反射作用而形成的。在北极方面，以北冰洋四周或者北纬 70° 左右最常见，每年平均出现 100 多次。然而，这种解释似乎过于简单，不足以解释一些现象。

另一种是，极光与地球磁场和太阳辐射有关。当太阳黑子发出的高能质子和电子到达地球时，受地球磁场的影响，和南北两极地区的偏斜，大部分进入南极和北极地区，在下降过程中，会碰撞高层大气的原子，大气原子受力而发出闪耀的光辉，形成极光。然而，这种解释也是一种推测，还有待进一步证实。

←↑神奇而壮观的极光

■一 充满玄疑的天坑

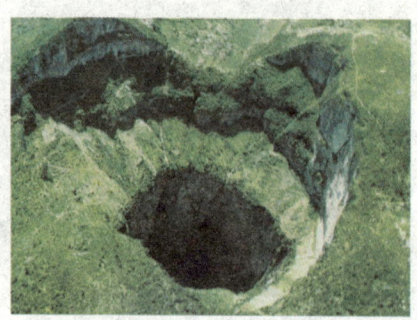
↑重庆奉节的神秘天坑

↑从天坑底部向上望，犹如坐井观天一般。

↑有些科学家认为这原是外星人留下的工作基地。

重庆奉节县有一个神秘莫测、堪称世界之最的特大型天坑，因它位于该县境内小寨村，故被人们称之为——"小寨天坑"。

所谓"天坑"，从地质学角度解释，即"漏斗形下陷地貌"，又有人说是数亿年前陨星撞击所成。天坑边沿由峭壁悬崖围成，呈桃形，短径 520 米，长径 622 米，坑深 666 米。坑内四面山峰向外延伸，铁壁般合围成漏斗状，直至坑底。坑底一条阴河从西南方流向东北方，露出段为 110 米，宽约 4 米，河水黑绿，但清澈见底。

1997 年 4 月，一支由英国天文学家、地质学家和考古学家联手组成的科学考察队抵达奉节小寨天坑进行考察研究。

考察队发现，天坑峭壁内约 6 米深处，竟隐藏着 7 只直径为 4 米的大圆球！这些大圆球呈曲线排列，球面上还刻着一些无法破译的文字和符号。据测定，圆球距今有 7500 万—8000 万年，主要成分是金属钛，而包裹圆球的岩石密度和月球表面岩石的密度差不多。

在天坑底部，专家们还发现了三角形的箱子和一块被切割过的恐龙头骨化石。

有人推测，天坑很可能曾是外星人的一个工作基地，后被废弃。持该种观点的人对地陷说不屑一顾，对陨星撞击说则不予驳斥；倘若小寨天坑系陨石撞击而成，为什么在它周边没有发现丝毫陨石痕迹？更没有散落着的角砾岩块？

小寨天坑若非外星人所为，那么那些大圆球、三角形箱子以及被切割的恐龙头骨又作何解释？

一些科学家认为，小寨天坑就是外星人工作基地。眼下所有的证据尚不能完全说明问题，何况证据的真实性和可靠性也值得认真研究，除非拿出更加充分的理由和证据来，否则争论还将持续。

天坑究竟是地陷奇观或是陨星撞击而成，还是外星人废弃的工作基地？相信这诸多悬疑终有一天会破解。

一 复活节岛上的凝望

　　1722年，荷兰海军上将雅格布·罗格文率领一支分舰队，在胡安和戴维斯所到过的海域里，距智利3000千米的东南太平洋上首次发现了举世瞩目的复活节岛。

　　复活节岛是地球上最孤独的一个岛屿。罗格文发现它的时候，在海图上用墨笔画下了一个点，在旁边注上"复活节岛"，因为这一天正好是基督教的复活节。从此，该岛以"复活节岛"之名为人所知。这个三角形小岛离太平洋上的其他岛屿相当遥远。

　　令人惊讶的是，复活节岛的居民称自己居住的地方为"世界的肚脐"。这种叫法一开始人们并不理解，直到后来航天飞机上的宇航员从高空鸟瞰地球时，才发现这种叫法完全没错。复活节岛孤悬在浩瀚的太平洋上，确实跟一个小小的"肚脐"一模一样。难道古代的岛民也曾从高空俯瞰过自己的岛屿吗？假如确实如此，那又是谁用什么飞行器把他们带到高空的呢？

　　但这个"世界的肚脐"也未必指全岛，可能仅指岛上的火山口，那就没什么神秘之处了。而且据语言学家温斯顿·丘吉尔的考证，这个称呼的准确含意可能是"大地的尽头"。

　　这是一个三角形的岛屿，面积不大，还不到120平方千米。岛上有3座火山，整个岛屿都被火山熔岩和火山灰覆盖着，没有河流，也没有任何树木，只有荒草生长着，老鼠是该岛唯一的野生动物。罗格文一行人踏上这个小岛，就被眼前的景象惊呆了。岛上山峦起伏，层峦叠嶂，拉诺—洛拉科火山的身影在蔚蓝天幕的映衬下显得雄伟挺拔，岛上有许多石块砌成的墙壁、台阶和庙宇。

　　在该岛的南部，他们看到了一个巨大石墙的残迹，石墙的后边耸立着几百尊石像。人们一踏上复活节岛，就会感到全岛被一种奇异而神秘的气氛所笼罩，而造成这种气氛的主角便是那一座座高大的石像。

↑复活节岛上的凝望
↓地球的"肚脐"，复活节岛的地图

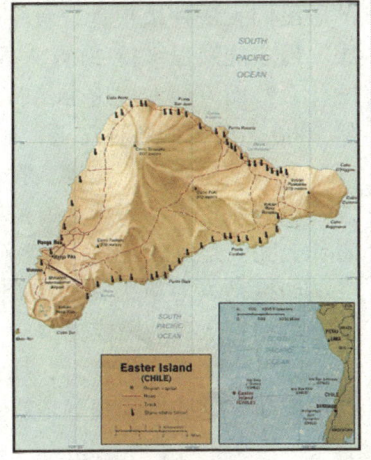

科学家们从 1914 年开始对复活节岛进行了全面的考察和测绘，并逐一统计了岛上石像的分布情况，然而一个个巨大的问号摆在他们的面前，令他们百思不解。

这些石像形态各异，大者高 10 多米，小者也有 3~5 米，重 10 多吨。有的石像还戴着几米高的石头红帽子。海边的石像都站在石头平台上，平台长 60 米，高 3 米。这些世界罕见的巨大石雕究竟代表什么呢？

↑ 守卫复活节岛的神秘石像

↑← 神秘的石像

据估算，如果要雕刻岛上的巨石像最少需要 5000 个身强力壮的劳动力才能完成。科学家做了一个实验，雕刻一件中等大小的石像就需要十几个工人干上一年，这还不包括完工后的运输。320 个劳动力产生的拉力，才可以拉动一尊 8 吨重的石像。那些 10 吨、20 吨、80 吨重的石像，是怎么拉动的呢？

要知道，这个贫瘠的小岛上的居民们无法种植粮食，食不果腹，最多能勉强维持 2000 人的基本生存需求，靠什么来养活 5000 名强劳力？他们吃什么？而人们发现这个岛时，岛上仅仅生活着几百名土著人。他们怎么能够提供给 5000 名劳力的各种需求，如木材、绳索、食物等呢？

人们不禁要问：是谁、在什么时候、什么地方，怎样雕刻了这些石像？它们是怎样运到海边的？为什么有的雕像的头顶要戴上一顶硕大的红色石帽？石帽又代表着什么呢？是发式还是头饰？

如果是人力所为，那又是什么样的人呢？是起义的奴隶，还是暴动的野蛮人？亦或是相互敌视的民族呢？

如果是大自然的伟力，那将是何种自然力呢？是地震或火山爆发，还是席卷一切的海啸？这些疑问强烈地吸引着人们，人们也在认真地研究和思考着这些问题的答案。

一　异趣纷呈的岛屿

　　全世界有 20 多万个岛屿繁星般点缀着浩瀚无际的大海。在这些岛屿中，有的充满着奇情异趣，有的神秘莫测，令人欲探究竟。

旅行岛

　　在加拿大东南的大西洋中，有个叫塞布尔的岛，它不断移动位置，而且速度很快。每当洋面大风发作，它就像人一样驾船在海洋中乘风破浪，因此被称为"旅行岛"。该岛呈月牙形，东西长 40 千米，南北宽 1.6 千米，面积约 80 平方千米。小岛在近年来的一段时间已经背离大陆方向，向东"旅行"了 20 千米，而且平均每年移动达 100 米。另外，在塞布尔岛附近沉没的海船共达 500 多艘。因此，这里的海域被人们称为"大西洋的墓地"、"毁船的屠刀"等，这个岛屿也被称为"沉船之岛"，让人望而生畏。

死神岛

　　加拿大东岸，有一个叫世百尔岛的荒凉孤岛。岛上除了坚硬无比的青石之外，没有任何动物和植物。每当海轮驶近小岛时，船上的指南针便会失灵，甚至整艘船会不由自主地向小岛撞去，最后葬身海底。航海家们称该岛为"死神岛"。据地质学家考察发现，这个小岛含有大量的铁矿，使岛的周围产生了巨大的磁场，从而导致仪表失灵、海轮沉没。

↑地球上总有一些孤独而神秘的岛屿

↓奇怪的分合岛

分合岛

　　在太平洋中，还有一个能分能合的神奇小岛，被称为"分合岛"。到了一定时候，它就会自行分离成两个小岛，再过一定时间，它又会自动连接起来，合成原来的模样。其分合时间是没有具体规律的，耗费时间长时需要三四天，短时只用一两天。分开时，两部分相距 4 米左右，合拢时两部分又严密无缝，成为一个整体。科学家认为，这个小岛早已断裂，再加上地理位置很不固定，经常迁移，故产生了这种时分时合的怪异现象。

沉浮岛

　　北冰洋的斯瓦尔巴群岛中有部分小岛，有时候沉入水中不留一点痕迹，有时候又高高露出水面。波兰科学家在考察中发现这些小岛上有几千年前海岸线的遗迹，同时他们在海拔100米的高处发现了岛屿淹没的痕迹。经过研究，斯瓦尔巴群岛的垂直运动可能不是始终如一的，很可能是大冰川期沉重的冰帽将群岛中的小岛"压"到海洋深处，到水暖冰化时，这些小岛便开始浮升到洋面上来了。

火岛

芬兰附近海面有一个名叫晋朗格尼的小岛，岛上的岩石孔隙间经常燃起熊熊烈火，因此人们称其为火岛。科学家们对其进行考察，揭开了小岛燃火的秘密。

原来，在小岛周围的海水中，生长着茂盛的海草，巨大的海浪将海草抛上小岛，时间一久，这些草在阴湿的泥土中腐化生出燃点很低的甲烷气体。而这些气体从岩石孔隙中冒出来，一旦接触到火种，便会燃烧起来。

尘土岛

人们看见过或听到过沙堆积成的山丘，但恐怕很少有人知道世界上还有尘土堆积成的海岛。美国马里兰大学威廉斯·佐勒博士通过对夏威夷岛的土壤进行分析和气象研究，发表了一个论点，夏威夷岛的大部分是由中国吹来的尘埃所形成的。这一观点在当时引起轰动。这位博士解释说，在中国，每年的春天是风暴频繁的季节，大量的尘埃被驱扫出中国的大沙漠，它们在空中形成宽达数千米的沙云。这个巨大的沙云，被劲风吹越过北太平洋到达阿拉斯加海湾，而后向南移动，最后朝东落到夏威夷附近，年复一年地积累，便形成了夏威夷这个尘土岛。

↓ 有趣的肥皂岛

↑ 火岛上众多的游人

天然美容岛

意大利南部有一个巴尔卡洛岛，很早以前，由于岛上经常有火山爆发，熔岩流到山下形成泥浆，存积在几十个池子里。这些泥浆能洁白和滋润肌肤、治疗妇女的腰痛病，甚至还能减肥。因此，该岛获得"天然美容岛"之称。

肥皂岛

在希腊爱琴海上，有一个名叫阿罗丝安塔利亚的小岛，岛上泥土含有强烈的碱性物质，可以当作肥皂使用。因此，人们称它为"肥皂岛"。每当暴雨倾盆时，整个岛屿都淹没在奇妙的肥皂泡沫里。据说，岛上居民从来不花钱买肥皂，洗衣洗物或洗澡时，随手抓一块泥土来擦擦，便会产生许多肥皂泡沫，能洗掉各种污垢，其作用不亚于肥皂。

一·神奇的响沙湾

←内蒙古响沙湾如今已成为旅游区。

　　库布齐沙漠位于内蒙古自治区鄂尔多斯高原北部、黄河以南。沙漠边缘有一处呈半月形状的神奇沙湾。当从沙丘之颠向下滑动时，身子下的沙子会发出"嗡嗡"的响声，这片铺盖着金色黄沙的沙湾也因此而得名"响沙湾"。

　　沙子能够发出好听的声音，这样的奇景怎能不让人疑惑呢？滑沙者在领略响沙带来的乐趣后，都不禁要问："沙子怎么会发声呢？"

　　关于沙子发声的原因，在当地流传着许多传奇的故事：

　　有人说，佛祖释迦牟尼四海传经布道，一日，他来到鄂尔多斯高原，给信徒们诵经，那朗朗的诵经声便留在响沙湾。从此，后人才得以聆听佛祖的教诲，免入歧途。

　　也有人说，在很久很久以前，这里有一座建筑宏伟、香火旺盛的喇嘛庙。一天，正当千余名喇嘛席地念经、佛音不绝、钟鼓齐鸣之时，忽然天色大变，狂风席卷着沙石，顷刻间将寺庙埋入沙漠之中。现在人们听到的沙响声，就是喇嘛们在沙下诵经、击鼓、吹号的声音。

　　响沙湾美丽的传奇故事还有很多，但这只限于讲给游人听。要真正揭开"响沙湾"的神秘面纱，还要靠科学研究。

　　有关科技工作者曾对响沙湾沙声之谜作了种种探索，并从不同角度提出了不同的推测解释。

　　有人认为，响沙湾是月牙状，这一地形造成沙子滑动时的回音。

　　有人认为，沙丘表层的沙子中含有大量的石英，当外力推动沙层时，石英沙相互摩擦，产生静电，这响声就是放电声。

　　也有人认为，响沙湾的山坡基岩是白垩纪砂岩，裂隙很多，下层水气被湿沙层封闭。当人下滑时，饱含空气的沙层下部受挤压，被封闭的气体迅猛释放，发出响声。发声之后，空气再度饱和，待后边的人下滑时，又会发出同样的声响，周而复始，响声不断。

　　这些解释都有一些道理，但至今还没有人拿出完全令人信服的科学解释，响沙湾的沙鸣现象依旧是个谜。

一 风景绚丽的五彩城

↓ 瑰丽神秘的五彩城

五彩城位于新疆富蕴县境内的卡拉麦里山上，这里被誉为"大自然的艺术殿堂"，是国家重点保护的自然景观。

走进五彩城，一幢幢色彩斑斓的"高楼大厦"鳞次栉比，金黄色、青灰色、暗红色、铁黑色构成了一幅立体油彩画，有的"建筑"自身就有七八种颜色，妙不可言。"建筑"的形状各异，有"佛祖大庙"、"清真寺"，还有"金字塔"，一排排整齐的"房舍"如同古代军营。城中"街道"纵横，怪石林立，如同一尊尊栩栩如生的彩色雕像。其中有兽中之王雄狮、凶猛的老虎、翱翔的苍鹰、亭亭玉立的少女等，俨然一座艺术殿堂，使人犹如置身于童话世界一般。

如此美妙的五彩城出自哪位艺术大师之手呢？

在当地流传着这样一个美丽的神话：相传王母娘娘的小女儿七仙女厌倦了天庭寂寞无聊的生活，一天，她趁人不备，私自溜下凡间，天黑时恰好走入卡拉麦里山，便在此过夜。第二天她发现这里人烟稀少，但有许多可爱的小动物，非常讨人喜欢。于是，七仙女采来天空飘浮的彩云，精心构筑了这座人间仙境——五彩城。

七仙女住在五彩城里，终日与这些可爱的动物为伴，不思归天。王母娘娘曾多次派天兵天将来到人间寻找七仙女，但都徒劳而返。就这样，七仙女在这里生活了几年。一日，巡天将军发现了七仙女的住处，带领数人把七仙女掳回了天庭，只剩下这座美丽的空城。兔子、黄羊、野驴等小动物们由于思念七仙女，如今仍然常来五彩城找七仙女。

当然，七仙女造城只是神话传说，创造了这些巧夺天工的"雕塑"和"建筑"的真正艺术大师是大自然。

早在8000万年前，这里原是一片湖泊，湖中有五颜六色的沉积物。后来地壳不断上升，湖水干涸，沉积物被抬升，裸露出地面，在漫长的年代里形成了各种颜色的石头：红色的铁质砂岩、棕色的磷铁矿、黄色的泥质岩、灰色的泥灰岩、黑色的锰质岩。千百万年来，经流水冲蚀和风化作用，岩层中松软部分被冲走吹跑，留下坚硬的岩石。大自然的一双巧手终于将这些彩色岩石雕刻成千姿百态的"飞禽走兽"、"楼台亭阁"，为人类创造了这座面积达8平方千米的举世罕见的五彩城。

一　麦田怪圈的伟大艺术

　　麦田怪圈，时有出现。在俄罗斯克拉斯诺达尔边疆地区的向日葵地里就出现了怪圈，其圆形图案精美至极，令人叹为观止。在此之后，俄罗斯人在陶里亚蒂市的荞麦地里也发现了神秘的怪圈。

　　据实验证明，将麦秆同一杯水一起放入微波炉，麦秆就会出现人们通常在麦田怪圈中看到的情况，开始弯曲伏倒。但是，专家们尚未找到微波放射如何出现在麦田的原因。

　　另外，还有一位专家认为，微波放射最有可能是由雷击造成的。他和工人测试高压硬件时发现，悬挂在距离地面10米处的电线忽然向下面的草地释放人造雷击，草便弯曲起伏，形成顺时针方向的圆圈。

↑神秘而美丽的麦田怪圈

↓麦田怪圈奇特的造型

怪圈之谜由来已久

　　据文献记载，麦田怪圈最早出现在英格兰，那是在1647年，怪圈呈逆时针方向。19世纪80年代初，英国人在汉普郡和威斯特一带屡屡发现怪圈，而且大多是在麦田，所以，正式将怪圈命名为"麦田怪圈"。

　　几百年来，这一神秘现象频繁发生在美国、澳大利亚、欧洲、南美、亚洲等地。从有关记载来看，麦田怪圈出现最多的季节是在春天和夏天。麦田怪圈的图案也各不相同，由一个圈慢慢进化成2个或3个相似的圆，1994年还出现了蝎子、蜜蜂、花等动植物图案。

　　1997年初夏，一个更为神秘的麦田怪圈出现在美国俄勒冈州，很多麦秆上出现了小洞。科学家发现，麦田圈和周围的土地上有一些人眼无法看到的磁性小粒，分布非常均匀，离怪圈越远颗粒越少。

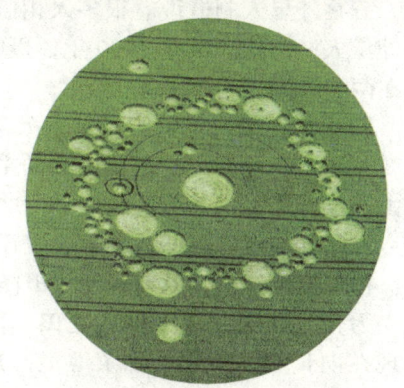

↑令人不解的麦田怪圈现象

怪圈现象因何而致

神秘的麦田怪圈现象一直是科学界关注和研究的焦点，成因尚无定论，目前主要有五种说法。

一是人造说。相当一部分人认为，所谓麦田怪圈只不过是某些人的恶作剧。英国科学家安德鲁经过长达 17 年的调查研究认为，麦田怪圈有 80%属于人为制造。英国人马特·里德利曾向媒体坦白，他和一些朋友就是伦敦麦田怪圈的制造者。他们事先设计好图案，在麦子快成熟的时候，把一根长钉钉在麦田里，以钉子为中心，用绳子贴着地面转一圈，一个麦田怪圈就出现了。

二是磁场说。有一部分怪圈已被排除人为的可能，因为它们精巧的设计、复杂的构图、庞大的规模，绝不是人力可以在一夜之间造出的。安德鲁虽然坚称 80%麦田怪圈是人造的，但他也相信，其余 20%的怪圈是因地球磁场的作用天然形成，磁场中有一种神奇的移动力，可产生一股电流，使农作物"平躺"在地面上。美国专家杰弗里·威尔逊研究了 130 多个麦田怪圈，发现 90%的怪圈附近都有连接高压电线的变压器，方圆 270 米内都有水池。由于接受灌溉，麦田底部的土壤释放出的离子会产生负电，与高压电线相连的变压器则产生正电，负电和正电碰撞后会产生电磁能，从而击倒小麦形成怪圈。

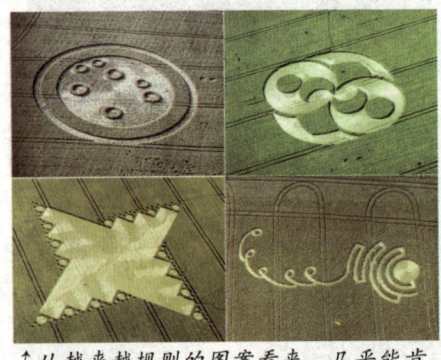

↑ 从越来越规则的图案看来，几乎能肯定怪圈不少是人为制造。

↑ 中国新疆昭苏的油菜田怪圈

三是外星人制造说。很多人相信，麦田怪圈大多是在一夜之间形成，这很可能是外星人的杰作。早在 1990 年，摄影家亚历山大就说，他在麦田里发现奇怪的光，光在两个怪圈之间飞来飞去。

四是龙卷风说。美国密歇根大学大气物理学家特伦斯·米顿博士认为，夏季天气变化无常，龙卷风是造成怪圈的主要原因。他通过研究发现，很多麦田怪圈出现在山边或者离山六七千米的地方，这种地方很容易形成龙卷风。

五是异端说。一些人相信，麦田怪圈背后有种神秘的力量，就像百慕大三角一样。根据这种猜测，就有人把麦田怪圈说成是"灾难预告"，借以散布异端邪说。

为什么怪圈经常出现在麦田，而且是相对比较规则的图形？而今，怪圈已经出现在向日葵、荞麦、油菜地里，这又是为什么？看来只能等待科学家进一步破译了。

一　通古斯大爆炸之谜

　　1908 年，一团巨大的火球划破西伯利亚的通古斯地区苍茫的夜空，随即引发了一场大爆炸，爆炸大火烧毁周围数百千米的原始森林，成群的驯鹿在大火中化为灰烬。之后数日内，通古斯地区方圆 14000 多千米的天空被一种阴森的橘黄色所笼罩……

　　爆炸中心区草木烧焦，70 千米外的人也被严重灼伤，还有人被巨大的声响震聋了耳朵。不仅附近居民惊恐万状，而且还涉及到其他国家：英国伦敦的许多电灯骤然熄灭，一片黑暗；欧洲大陆许多国家的人们在夜空中看到了白昼般的闪光；远在大洋彼岸的美国，人们也感觉到大地在抖动……

　　当时俄国的沙皇统治正处在风雨飘摇之中，无力对此组织调查。人们笼统地把这次爆炸称为"通古斯大爆炸"。

　　"陨星说"只是当时的一种推测，缺乏证据。十月革命后，苏维埃政权于 1921 年派物理学家库利克率领考察队前往通古斯地区考察。他们宣称，爆炸是一次巨大的陨星造成的。但他们却始终没有找到陨星坠落的深坑，也没有找到陨石，只发现了几十个平底浅坑。

　　库利克两次率队前往通古斯考察，并进行了空中勘测，发现爆炸所造成的破坏面积达二万多平方千米。同时人们还发现了许多奇怪现象，如爆炸中心的树木并未全部倒下，只是树叶被烧焦；爆炸地区的树木生长速度加快，其年轮宽度由 0.4～2 毫米增加到 5 毫米以上；爆炸地区的驯鹿都得了一种奇怪的皮肤病——癞皮病。

　　不久二战爆发，库利克投笔从戎，在反法西斯战争中献出了宝贵的生命。苏联对通古斯大爆炸的考察也被迫中止。二战后，苏联物理学家卡萨耶夫访问日本。1945 年 12 月，他到达广岛，4 个月前美国在这里投下了原子弹。看着广岛的废墟，卡萨耶夫顿然想起了通古斯，两者显然有着众多的相似之处：爆炸中心受破坏，树木直立而没有倒下；爆炸中人畜死亡，是核辐射烧伤造成的；爆炸产生的蘑

↑后人想象的通古斯大爆炸模拟图

↑在通古斯事件中，数千平方千米的杉树林被巨大的冲击波夷为平地。

菇云形相同，只是通古斯的要大得多。

在通古斯拍到的那些枯树林立、枝干烧焦的照片，看上去与广岛上的情形十分相似。因此，卡萨耶夫产生了一个大胆的想法，他认为通古斯大爆炸是一艘外星人驾驶的核动力宇宙飞船，在降落过程中发生故障而引起的一场核爆炸。

↑日本广岛受到原子弹爆炸后当时的惨景

此论一出，立即在科学界引起了强烈反响，支持者和反对者不乏其人。苏联科学家索罗托夫等人进一步推测该飞船来到这一地区是为了去贝加尔湖取得淡水。还有人指出，通古斯地区驯鹿所得的癞皮病与美国1945年在新墨西哥进行核测验后当地牛群因受到辐射引起的皮肤病十分相似，而通古斯地区树木生长加快，植物和昆虫出现遗传性变异等情况，也与美国在太平洋岛屿进行核试验后的情况相同。

↑通古斯大爆炸的遗迹

二十世纪五六十年代，苏联多次派出考察队前往通古斯地区考察，认为是核爆炸的人和坚持"陨星说"的人都声称考察找到了对自己有利的证据，双方谁也说服不了谁。对于没有找到中心陨星坑的情况，有人认为坠落的是一颗彗星，因此只能产生尘爆，而无法造成中心陨星坑。

到了1973年，一些美国科学家对此提出了新见解，他们认为爆炸是宇宙黑洞造成的。某个小型黑洞运行在冰岛和纽芬兰之间的太平洋上空时，引发了这场爆炸。但是关于黑洞的性质、特点，人们所知甚少。"小型黑洞"是否存在尚是疑问。因此，这种见解也还缺少足够的证据。直到今天，通古斯大爆炸之谜仍未解开。

↑原子弹爆炸时的骇人景象。有人猜测，通古斯大爆炸类似引爆核弹。

时空隧道之谜

1912 年 4 月 15 日凌晨，"泰坦尼克"号在驶往北美洲的处女航行中不幸撞到冰山，很快沉没在冰冷的北大西洋中，致使1500 多名乘客和船员葬身洋底。这次沉船事件，成为世界航海史上最大的灾难。而最令人惊奇的是，时至今日，近 100 年前的"泰坦尼克"号幸存者竟然神奇地再现了。

幸存者有两位，一位是 1990 年发现的女乘客温妮·考特，另一位是 1991 年发现的男乘客史密斯，他是"泰坦尼克"号的船长。他们两位的身体情况良好。从那次有名的轮船遇难事件以来，他们没有衰老的迹象。虽然悲剧已过去 80 年，但他们仍认为是在 1912 年。

史密斯船长是被海军搜索船的工作人员在冰岛救起的，比另一位幸存者温妮·考特晚一年。许多年来的海上漂流并未使他看上去衰老，史密斯船长虽已 139 岁，但看起来仍是位 60 多岁的人。通过保存在航海记录中的指纹，可以确认史密斯船长的身份。

"泰坦尼克"号遇难的另一个幸存者温妮·考特于 1990 年 9 月 24 日在北大西洋的冰山上被救出。让人吃惊的是，她从 1912 年失踪到现在，未见一点衰老迹象。

海事机关查找了"泰坦尼克"号乘客名单，确认了英格兰岛南安普顿的考特太太 1912 年登上了这艘船。史密斯船长和考特太太是"穿越时光再现"的失踪的人。类似的奇迹，历史上曾有过记载，并非绝无仅有。

第二次世界大战期间，美国一艘军舰被日本潜水艇击沉，有 25 名船员乘救生艇逃出。美国军方经多次搜寻毫无结果，只好宣布他们已葬身海底。然而到 1991 年 7 月，一队菲律宾渔船竟然在菲律宾群岛以南的西尼比斯海上发现了这 25 名船员，而且看起

↑夜幕里富丽堂皇的"泰坦尼克"号

↑旷世悲剧——"冰海沉船"

↑海底沉船——"泰坦尼克"号残骸

↑人类对时间隧道的存在还只是猜测。

↑人类的四维空间幻想

↓二战期间失踪的 P—38 战斗机的残骸

来他们都不怎么衰老。森美希坚博士认为，他们是闯入了一个时空隧道，几十年后复出人间，却全然不知道已过了这么久。

航空史上"神秘再现"的事件更是不胜枚举。在第二次世界大战期间，美军在北美战场的一支空战队，战斗结束后整编时发现少了一架 P—38 战斗机。编队飞机立即在附近空域搜索，但是没有发现失踪飞机的残骸，也没有发现飞行员跳伞。不久，这架失踪的飞机却神秘归来，但在机场上空爆炸，飞行员跳伞了。基地官兵目睹了这件不可思议的事。机身编号证明，这架飞机正是失踪的那架 P—38 战斗机。但它的油箱早已用干，怎么可能飞返基地？而那名跳伞的飞行员前额中弹，又怎么还能跳伞？这一奇案被写入美国空军机密档案，档案上附有基地指挥官和所有目击者的签名。

穿越时空的再现，即神秘的失踪与神秘的出现，引起了人们极大的兴趣。阿尔伯特·爱因斯坦的理论认为，时间是第四维。他认为在科学计算中，人不仅要考虑长、宽、高，还要考虑"时"。于是，一些科学家提出了时空隧道的假说，来解释自然界无法解释的奇异现象。

美国学者埃德·斯内德克认为，在空间存在着许多一般人用眼睛看不到的，然而却客观存在的"时空隧道"。历史上神秘失踪的人、船只、飞机等，实际上是进入了这个神秘的"时空隧道"。

布桑·兰帕认为，"时空隧道"实际上就是宇宙中存在着的"反物质世界"，地球上的每个人以及每一件东西，在另一套时间体系里，都有一个相对极性的对应体。对于神秘失踪，兰帕认为，这是误入了反物质世界，当物质与反物质相互接触的瞬间，即归于毁灭。这个理论假说很好地解释了神秘失踪，但对于神秘再现却显示出理论的低能或无能为力。

还有一些是上述假说也不能完全解释的现象，比如，"泰坦尼克"号游轮和乘客同时沉没、消失，乘客进入了时空隧道，为什么游轮没有进入？如果游轮也同时进入，为什么船只没有穿越时光再现？而船上的乘客却神秘地再现了呢？众说纷纭，莫衷一是。"时空隧道"仍是一个待探索的自然之谜。

一　海市蜃楼与空中楼阁

海市蜃楼与空中楼阁都是一种美丽而神奇的自然现象，它们也常被用来比喻虚幻缥缈、不切实际的事情。当提到海市蜃楼时，很多人首先想到的都是山东半岛的蓬莱。在蓬莱阁附近的海面上，常会出现一种奇景：亭台楼阁、车水马龙一幅热闹繁华景象，被誉为"蓬莱仙境"。

1988 年，这里再次出现海市蜃楼。在那宽阔的海面上，横着一条乳白色的雾带，先是大、小竹山两个岛屿涌起橙黄色的彩云，不断地升腾变幻，幻影绰约。接着南长山列岛也渐渐隐藏在雾纱中，在人们的眼前出现了一个神秘的新岛。新岛上，云崖天岭，幽谷曲径，若即若离，时隐时现。

↑ 沙漠中的海市蜃楼

海市蜃楼的奇境在世界其他地方也曾出现过。20 世纪 30 年代，有一艘从欧洲驶往美洲的轮船，当其行驶到大西洋上，船上的水手突然发现一艘古老的帆船，扬着巨帆迎面驶来。船长看到它越来越近，立即命令水手改变航向，然而就在两船将要相碰的危险时

↑ 水上的海市蜃楼

刻，那艘船却一闪而过。这时候，几百名乘客都清楚地看到，是一艘古代荷兰帆船，船上站着一些身穿古装的人，高举着手臂好像是在呼救似的。其实这只是海市蜃楼与人们开的一个玩笑而已。

沙漠中也经常会出现与海市蜃楼类似的"空中楼阁"。19 世纪，一支法国军队在非洲沙漠地带行进时，前面突然出现了一支"阿拉伯军队"，这让法国人非常紧张，以为是敌军正在准备进行攻击。法国指挥官立即下令停止行军，派出侦察兵前

↓ 陆地上空的海市蜃楼

去侦察。侦察兵走了几千米的路，发现那里有一群红鹤在沙地上行走。红鹤被走近的侦察兵惊走了，可是这时展现在人们眼前的却是一个身材高大的武士坐在一只几米高的怪兽背上，在大湖上方行进着。

此外，人们曾在叙利亚的沙漠地区见到更让人吃惊的奇观。那天，刚下过一场急雨，天空中高悬着一道彩虹，这时在五色斑斓的彩虹影下浮现出一座城市：白色的房屋，蓝色的湖水，绿色的树木……这景致直到很久之后才渐渐消逝。另外，在人迹罕至、寒冷的南极和北极地区也会出现类似的蜃景。

在南极出现这种蜃景奇观的机会比较多。20世纪70年代，美国的一位科学家在离南极营地几千米的冰礁上测量时，突然有一个城市出现在他面前。可是就在他要去一探究竟的时候，这个城市又消失了，他的眼前依旧是一片空旷的雪地。

蜃景在北极出现得相对较少，但也曾出现过。20世纪初，美国北极探险家皮尔里在北极发现了一座大山，他为这座山取名为"克拉寇兰山"。但一些探险家按照他的描述，并没有在他说的那个地方找到这座大山。后来，终于在他说的地点以西370千米处"发现"了"克拉寇兰山"。当时人们下船在冰上徒步前行，但他们向大山行进时，发现那山渐渐后退。他们停步不走时，那山也不动；再向它前行，山又向后退；他们一直往前走，山又向后退，最后他们进入了一个三面环山的谷地。当落日的余晖散去时，高山也消失得无影无踪，周围还是一片广阔无际的冰原。

然而，这些奇观蜃景都是怎样产生的呢？经过研究发现，这些奇观蜃景都是一种光学现象，是光线在不同密度的空气中发生折射和全反射的结果。比如说海市蜃楼，在夏季，海面上层的空气被太阳晒热，密度变小，而贴近海面的空气受海水的影响，不仅温度较冷，密度也较大，于是，就出现了上层空气暖而稀，下层空气冷而密的差异。当光线穿越两层密度和温度相差较大的空气时，就会发生折射，上层密度小的空气就像是一面镜子，使远处的物体形象经过折射，最后入到人们眼中。因此在平直的海岸或海面上，就可以看到地平线下（平时看不到）的岛屿、帆船、人群和风景。而蜃景时隐时现是由于当风吹来的时候，上下层的空气发生混合搅动，减小了上下层的密度，幻景也消失了。

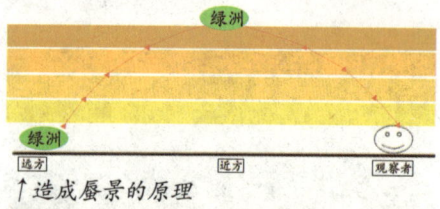

↑造成蜃景的原理

蓬莱仙境

你听说过"蓬莱仙境"吗？你知道八仙过海的传说发生在哪里吗？就是坐落在山东半岛的蓬莱阁。蓬莱自古就有"仙境"的美称。传说汉武帝多次登上突入渤海的丹崖山，寻找传说中的"蓬莱仙境"。后来，这里又被历代文人墨客视为"仙境"，于是人们就把这座丹崖山叫做"蓬莱"。

丹崖山立在海边，临海的一面是陡峭的绝壁，蓬莱阁建于山顶。远远望去，楼亭殿阁掩映在蓝天碧海和绿树丛中，真的就像神话中的仙境一样。

一 匪夷所思的湖底轰鸣声

据说在美国的塞内卡湖里时常炮声阵阵

17世纪，英国殖民主义者侵入印度，英军指挥官史密斯带领军队驻扎在劳弗里弗亚的湖边。

一天，在湖边发生了一件骇人的事件。当天，几个英国士兵在沿湖巡逻时，倒地身亡。当轮班的士兵前去换岗时，发现这几名士兵都倒地死去了，他们的身体上没有任何可疑的伤痕。当这几具尸体被送去进行尸检时，体内的检验显示他们是中毒而亡的。这一切究竟是怎么发生的呢？

史密斯军官及其下属首先想到的是，这也许是当地印度人对英国士兵下的毒。因为当时印度被英国侵占而沦为殖民地，印度老百姓对英国侵略者都恨之入骨，他们谋划杀死几个英国士兵也不足为怪。于是英军先向当地政府声讨，无奈印度当地政府对此事一无所知，在当地印度居民中也没有调查出结果。后来有士兵提醒史密斯，最近几天发生了一件非常怪异的事情，或许与这几名士兵的死有关。

最近几天夜里，湖里经常传出一阵阵震耳欲聋的炮声，而湖面依旧平静。这炮声一连响了几天，折腾得史密斯和士兵们寝食难安，但谁也不明白湖里为什么会无缘无故地发出响声。经过了解，史密斯还知道了在那几个士兵死亡的晚上，湖里也曾接二连三地发出好几声巨响。难道是湖在作怪吗？

这些奇怪的炮声是从哪儿来的？是它杀死了士兵吗？事情变得越来越难以捉摸了，史密斯和他的官兵们始终没有找到确切答案。

湖底的怪声究竟是怎么回事？这种炮声还不只是发生在劳弗里弗亚湖里，在美国长岛东部的塞内卡湖也时常发生类似的现象。虽然湖面平静如镜，但湖底却炮声阵阵，炮声虽然时常响起，但没有人能够找到声音响起的确切地点。科学家们也曾多次试图寻找炮声响起的具体地点，但无论科学家动作有多么迅速，却总是落在炮声的后面。

平静的湖面下为什么会发出这样的巨响？是什么原因导致湖底发生巨响？湖底的响声与士兵的中毒身亡到底有多少必然联系？这一系列的问题还有待于进一步考察和研究。

十 巴林杰陨石坑的奥秘

↑亚利桑那州的巴林杰陨石坑

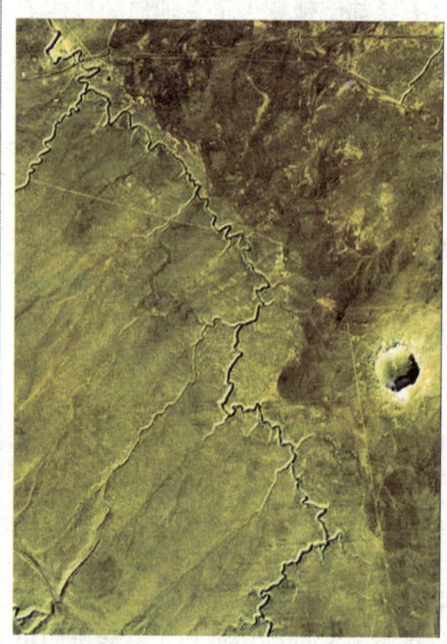

↑地球的伤痕——巴林杰陨石坑

自 1871 年美国亚利桑那州沙漠地带被发现后，欧洲人一直认为这个大坑是死火山口，直到 1903 年美国采矿工程师巴林杰经推测提出这个方圆 1242 米、深度为 173 米的坑不是死火山口，而是一个陨石坑，是大约 5 万年前流星撞击地球而形成的陨石坑。

巴林杰陨石坑之谜

科学家估计，物体从高空落下撞击地面的速度应该为每秒钟 15~20 千米。在这样高速的撞击下，本应该出现熔化了的岩石痕迹，但是令科学家长期不能解释的是，陨石坑周围一直找不到足够的痕迹，因此，巴林杰陨石坑成为一个谜。

教授揭开陨石坑之谜

美国教授杰伊·梅洛诗和英国教授加雷思·科林斯用数学模型对巴林杰陨石坑形成过程进行了计算。他们发现，首先是一块初始重量为 30 万吨、直径为 40 米的岩石进入地球大气层，在 14 千米高度，这块岩石的一半粉碎为碎片，而另一半保持完整。在 5 千米高度，粉碎的碎片形成了一个直径为 200 米的岩石碎片云，形状如同一块大烙饼。最后，没有粉碎的那一半以大约每秒钟 12 千米的速度坠入地面，发生的威力相当于 2.5 吨 TNT 的大爆炸，形成了陨石坑。

他们发现的重要结果就是，这个每秒钟 12 千米的碰撞速度固然不慢，但却不足以导致岩石熔化。这样，人们在巴林杰陨石坑周围很难发现岩石熔化的痕迹也就不足为怪了。

因此，这个困扰科学家多年的亚利桑那州巴林杰陨石坑形成之谜，最终有了一个比较合理的解释。

一　乐山卧佛的天机

从四川乐山城东河滨"福全门"处举目望去，清晰可见仰睡在青衣江畔巨佛的魁梧身躯。对映着湍流的河水，卧佛似乎在微微呼吸起伏。那形态逼真的佛头、佛身、佛足，分别由乌尤山、凌云山和龟城山三山联襟构成。

仔细观察"佛头"，也就是整座乌尤山，其山石、翠竹、亭阁，犹如高挺的鼻梁，清晰的眉眼。那巍巍的凌云山，有九峰相连，宛如巨佛宽厚的胸、浑圆的背脊、健美的腰胯。远眺佛足，实际上是苍茫的龟城山的一部分，其山峰恰似卧佛翘起的脚板，好似顶天立地的"擎天柱"，显示着卧佛的无穷神力。

总观全佛和谐自然、匀称壮硕的身段，凝重肃穆、眉目传神、慈祥自如的神态，令人惊诧不已。全佛长达 4000 余米，堪称奇绝。然

↑ 神态庄严的乐山大佛

而，更令人称奇的是那座天下闻名的乐山大佛雕，恰恰正耸立在巨佛的胸脯上。这尊世界最高、最大的石刻坐佛，身高达 71 米，安坐于巨佛前胸，正应了佛教所谓"心中有佛"、"心即是佛"的禅语，这是否为乐山大佛所暗示的"天机"呢？

卧佛身形神态之形似，堪称天下一绝。但这尊睡佛早已存在了千百年，千百年来进香的香客和观光的游人不计其数，但从未有人悟出。1989 年 5 月，广东顺德农民潘鸿忠在无意中摄得一张照片，约半个月洗印出来后，才忽然发现"山形如佛身仰卧"。

那么，如此巨大的卧佛又是怎么形成的呢？这是留给世人的一个谜。

关于卧佛的成因，有这样一则神话：据说，在大地山川尚未形成之前，有五位神明，即易祖、道祖、佛祖、儒祖、霸祖，他们各乘黄龙、玄武、白虎、青麟、朱

←这就是传说中的"乐山卧佛"。发挥一点点想象力，你也可以"看"见。

↑五台山寺庙

↑福建沙县卧佛是中国最大的石雕卧佛

雀（凤凰）一起从无极天外来到地球上。当时的地球，只有一个空壳，满目荒凉。于是，五祖商议划分区域，各自管辖一方，并负责创造各方的山水神灵。

第一位神明易祖管理地球中央，他把法宝太极图往地球中心扔下，于是化成黄土高原和华北平原，两大原野一高一低，一阴一阳，正好形成一副绝妙的太极图形象。从此，两大原野及其周围的区域，便成为后来的中华龙州（即今中国中原一带）。

第二位神明道祖管理北方，他把法宝芭蕉扇往北方扔去，遂化作阴山。之后，道祖又将自己的形象化作一座山脉，结成老君炼丹之形，这便是现在的山西浮山县老君洞山。

第三位神明佛祖管理西方，他把法宝轮盘（即罗盘）往西方扔去，于是化作昆仑山。之后，佛祖又将自己的形象化作一座山脉，结成如来圆寂之形，这就是现在的四川乐山卧佛岭。

第四位神明儒祖管理东方，他把法宝鳌头笔往东方扔去，遂化作武夷山。之后，儒祖又将自己的形象化作一座土丘，结成圣人讲经之形，这便是现在的山东曲阜杏坛。

第五位神明霸祖管理南方，他也把法宝白玉符往南方扔去，于是化作南岭。之后，霸祖又把自己的形象化作一座大山，结成尊君出巡骑凤凰之形，这便是现在的广西贺州市公会田富尊君山。

五祖显化山脉之后，又让各自所骑的灵兽显化成各种风水形象，于是形成了今天的地貌。

以上这则神话故事正说明了地球在形成的过程中，由于超自然力的作用，才使地理形象变得千姿百态、丰富多彩。然而，神话毕竟是神话，如果只依靠神话来说明某种问题的话，是不足以令人信服的。

现在有一种推断：据《史记·河渠书》记载："蜀守冰凿离堆，辟沫水之害。""冰"为李冰，是中国古代著名的水利工程师，都江堰的创始者，"离堆"就是乌尤山。那么早在2200多年前苗人就凿开麻浩河，造就了卧佛的头。唐代僧人惠净为乌尤山立下的法规：任何人不得随意挪动和砍伐乌尤山的一石一树一草一木，代代僧众都视此为神圣不可违犯之法规，因而才保证乌尤山林木繁茂，四季常青。

那么，巨佛是纯属山形地貌的巧合吗？但为何佛体全身人工的刀迹斧痕比比皆是呢？又为什么在1200多年前的唐代开元年间，海通法师劈山雕凿乐山大佛，偏偏选中了凌云山西壁的栖鸾峰，并雕在巨佛心胸处呢？

这一系列的问题困扰着人们，要解开这些谜，还要靠科学工作者的努力。

一 神农架野人之谜

神农架是一个神秘的地方，几十年来不少传闻说有400多人曾100多次目击到野人，目击者们描述的动物很相似，都是身高2米左右，两脚直立，浑身长着黑红色的毛发。这些动物到底是什么呢？野人真的存在吗？

1977年，为了把神农架的野人问题弄个水落石出，中国科学院和湖北省组织大型科学考察队赴神农架地区进行科学考察，考察队是由来自16个单位的110名专业人员组成。考察队围绕着"大型灵长目奇异动物是否存在"展开工作，同时对野人赖以生存的气候、地形、洞穴、动物等生态条件进行综合调查。这次考察涉及课题之广、规模之大，都是世界野人考察史上少有的。

考察队通过对神农架地区的考察，发现与这种动物有关的传说很早就有了。

1985年，一名叫赵坦的教师近距离遭遇野人；1996年，一位叫陈安菊的村民发现有野人上树摘果子；1999年，当地一位叫王绵路的农民发现野人在偷吃他的玉米。

2001年，在神农架林区的猴子石，几名旅游者在距离几百米的山坡上看到了一个2米多高、浑身棕黑色、两脚直立的奇异动物，并拍下了照片，但由于相机问题，拍出的照片很难看清。考察队来到猴子石进行现场勘察，希望能够再次见到这种奇异动物，结果发现了脚印和毛发。分析后断定，是一种叫做苏门羚的羚羊留下的。接着他们又发现了动物睡窝和几处相对集中的粪便。

专家们决定把采集到的粪便带回北京做进一步鉴定。一是研究这种奇异动物的食性，二是看看粪便中是否有血小板等可以做DNA检测的物质，从而证明是否有一种与人近似的高等灵长类，也就是被群众称为"野人"的奇异动物存在。

↑云雾深处的神农架保留着最原始的生态环境

↑神农架复杂的地形

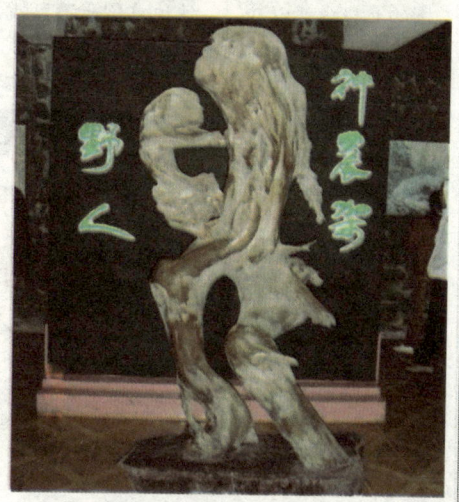

↑神农架野人馆，现保存着野人毛发、粪便、脚印、野人窝等野考成果。

如果真的有野人，它的体型应是非常魁梧的，那么，这种巨兽为什么能在人类漫长的历史长河中来去自如，没有留下任何线索呢？现代生物学研究表明，一个生物物种若要生存繁衍，必须有一定数量和密度的种群。而在神农架经过多次搜捕，并没有发现野人。即使假设它存在的话，为数也应该是极为稀少的。作为孤立的个体，在残酷的自然竞争过程中，它依靠什么生存下来呢？

←人们想象中的神农架野人

从众多的发现来看，野人已具有一定的思维，行动迅速而敏捷，随着人类向自然的扩展，人群的大量涌入，使野人向深山密林的无人区逃避。神农架3200平方千米的原始林区，由沉积岩、变质岩组成的山体形成很多断层，被侵蚀切割成千沟万壑的深山峡谷。在一些目击者的叙述中，野人爬山过涧如履平地。在地形极其复杂的情况下，在短时间内要想探明它的行踪是十分困难的。

虽然在世界上的不少地方发现过这类动物，但都拿不出真正的实物，因此人们还不能对野人或类人的未知动物是否存在下结论。为什么人类会对野人如此恋恋不舍呢？也许我们的祖先曾经真的和野人的祖先擦肩而过。也许就在那一瞬间，生命演化的进程不可逆转。所以，对于野人的考察，也将是人类揭开自身秘密的重要课题。

神奇的神农架

首先，神农架这个山脉名称的来历就是个谜。相传远古时代，神农氏曾经在这里遍尝百草，采药治病。由于山高路险，神农氏也只好搭架而上。因此，留下了神农架这个名字。

神农架山奇水也奇。这里有条河像一根银线，把9个湖泊连在一起，从东南方向缓缓流到北头的山脚下，突然消失得无影无踪。原来，这里有许多天然石缝，哪怕山洪暴发、大雨倾盆，整个盆地的积水也只要三两天就可以全部排完。

在神农架还发现了白熊、白松鼠、白金丝猴等白化动物。过去认为世界上除了北冰洋周围的北极白熊以外，其他地方似乎不可能再出现白熊。

在神农架，最奇异的莫过于关于发现"野人"的传闻了。这些光怪陆离而又不可思议的种种传闻，给神农架增添了诸多神秘的色彩。

↑神农架珍贵的白化动物：白熊和白金丝猴

一 诡秘莫测的百慕大三角

据记载，从19世纪起，在百慕大三角地区航行的舰船或飞机常常神秘失踪，事后不要说查明原因，就是连一点船舶和飞机的残骸碎片也找不到。到目前为止，已有数以百计的船只和飞机失事，数以千计的人在此丧生。

1880—1976年间，共发生158次失踪事件，其中大多发生在1949年以来的30年间。这其间曾发生失踪事件97起，至少有2000人在此丧生或失踪。这些古怪神秘的失踪事件，主要发生在西大西洋北纬20°~40°、西经35°~75°之间的一片叫"马尾藻海"的宽广水域。

早在400多年以前，著名的航海家哥伦布第四次到美洲去的时候，途经大西洋百慕大三角海区，就曾遭遇过神奇恐怖的自然现象。

当哥伦布途经大西洋百慕大三角海区的时候，他同船上的伙伴一起站在甲板上面，欣赏着海上美丽的风光。当时晴空万里、风平浪静，一望无际的海空使人精神振奋。正当他们沉醉于海上美景的时候，天气突变，瞬间天昏地暗，狂风四起，不停地将海水卷起几十米的浪头朝甲板袭来。当时船上所有的导航仪器在一瞬间全部失灵，船员们也晕头转向地辨不清方向，只好任船随浪漂泊。最后，他们很幸运地从狂风巨浪中脱险而出。

如果说哥伦布的遭遇未能引起人们足够注意的话，那么此后在百慕大三角区不断出现的一件件更为神秘的事件，就越来越引起人们的关注。其问题的关键在于，哥伦布死里逃生，他的经历至少是属于那些尚可解释的遭遇。那么，那些没能活过来的人，他们的遭遇呢？那就是一种不可解释的、谁也没能亲眼看到的经历。

关于船只和海员在百慕大三角连人带船神秘失踪的事件，最早的记载是在1840年。

↑神秘的百慕大接连发生怪事，越发引起人们的注意和兴趣。

↑充满恐怖色彩的百慕大上空

↑著名的航海家哥伦布

↑↓ 平日里的百慕大看不出任何灾难的征兆。

↓ 百慕大的地理位置

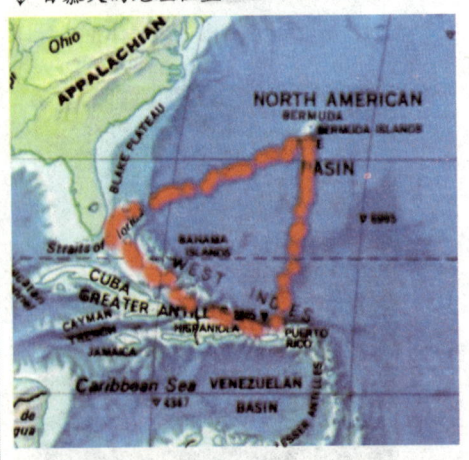

当时，一艘由法国启航的船只"罗莎里"号，运载大批香水和葡萄酒，行驶到古巴附近失去联络。数星期后，海军在百慕大三角海域内发现了"罗莎里"号，船只没有任何的损坏痕迹，船上空无一人，所有船员如同人间蒸发了一样。但是货舱里的货物均完整无缺，而且水果仍很新鲜。可是，为什么船上的水手都跑光了呢？没有人能够解答，船上唯一幸存的生物就是一只饿得半死的金丝雀。到底船上发生了什么，没有人知道。有人认为，船只遭到了强盗的洗劫，船员全部被杀害。但货物却全部原封不动，使得这种说法不攻自破。

1872年，人们发现双桅船"玛丽亚·采列斯特"号，在亚速尔群岛以西185千米的地方漂浮着，船上又是空无一人，而且船舱的餐桌上还摆着美味佳肴，茶杯里还盛着没喝完的咖啡和水，壁上的挂钟正常地走动，缝纫机台板上还放着装机油的小瓶子。这一切除了说明这艘船没有遇到风浪之外，丝毫不能解释它的主人为何弃船而去。

1960年，5架美国战机在百慕大三角的晴空上方进行飞行训练，当飞机穿过云层时，其中一架战机在其他机师的视线范围内突然消失，这引起空军基地的一阵骚动。事后美国军方派出一批搜索队在附近调查，最后却找不到任何飞机的残骸，飞机是如何消失的，至今仍是个谜。

到目前为止，对"百慕大魔鬼三角"的解释可归纳为如下几类：一类认为，这些失踪是自然原因造成的，如洋底空洞、地磁异常，甚至还有人提出泡沫说、水桥说、黑洞说等，用一些奇异的自然现象来解释"百慕大魔鬼三角"；第二类则认为是由于超自然的原因造成的，联想到是否是外星人的飞碟在作怪；也有些人认为，这些奇特的失踪现象彼此间并无联系，因而也就否定了"百慕大魔鬼三角"的存在。百慕大这层神秘的面纱能否揭开，还有待后人的进一步研究。

一 好望角为何好望不好过

　　好望角是印度洋和大西洋之间重要的陆地标志。它位于非洲的西南端，是葡萄牙探险家迪亚士遭到海上风暴后的意外收获。

　　1487年，迪亚士奉葡萄牙国王之命，率领3艘探险船沿着非洲的西海岸南下驶往印度洋。当船队到了南纬33°的地方时，突然遇到了风暴，在海上漂泊了13个昼夜后风暴才停息。这时迪亚士决定向东航行，但是他们航行了几天，仍然没有发现非洲西海岸的影子。此时，迪亚士决定朝正北方向航行，几天后看见了一个东西走向的海岸线和一个海湾，这时船员们都不愿意再继续向东行驶，所以迪亚士只好带着船队返航。

　　在返航的途中，接近了一个伸入海中的海角，此时，风暴再次降临，海面上巨浪滔天。船队经过了两天的奋力拼搏，才绕过了那个海角，驶入风平浪静的非洲西海岸。迪亚士将这个骇人的海角命名为"风暴角"。

　　船队于1488年回到里斯本，迪亚士向国王描述了自己的探险经过和命名为"风暴角"的海角，国王听后认为，绕过这个海角就有希望进入印度洋，到达黄金国印度，因此他把"风暴角"改名为"好望角"。

　　好望角从此之后就开始成为欧洲人进入印度洋的指路标。由于好望角的地理位置特殊，海域几乎终年都是大风大浪，遇难的海船也不计其数，因此有了"好望角好望但不好过"的说法。

　　从好望角被发现以来，这里就以特有的巨浪而闻名于世。据统计，10多米高的海浪在这一海区屡见不鲜，每年有110天的海浪达到6~7米高，其余时间的浪高也在2米以上。好望角不仅是一个"风暴角"，还是一个"多难角"，从万吨远洋货轮到数十万吨的大型油轮都曾被这一海区的奇特巨浪打翻。

　　好望角接近南纬40°，而南纬40°到南极圈是一个围绕地球一周的大水圈，广阔的海区无疑是好望角产生巨浪的一个原因。而且在辽阔的海域，海流突然遇到好望角侧向阻挡作用，也是巨浪生成的重要原因。

　　因此，南半球盛行的西风带被西方国家称为"咆哮西风带"，而好望角则被比作"鬼门关"。

一 风趣的男子岛和女子岛

↑沟通东西世界文化交流的大旅行家
马可·波罗

《马可·波罗游记》

　　《马可·波罗游记》的主要内容是关于马可·波罗在中国的旅行纪实，兼及途经西亚、中亚和东南亚等一些国家和地区的情况。全书以纪实的手法，叙述了他在中国大陆各地包括西域、南海等地的见闻，记载了元初的政事、战争、宫廷秘闻、节日、游猎等，尤其详细地记述了元代大都的经济文化和民情风俗。第一次较全面地向欧洲人介绍了发达的中国物质文明和精神文明，将地大物博、文教昌明的中国形象展示在世人面前。

　　13世纪，意大利杰出的旅行家马可·波罗在其著作《马可·波罗游记》第三卷专辟一章，叙述他所听到的印度洋中男子岛和女子岛的故事。

　　男子岛和女子岛到底在哪里呢？数百年来，有人多方考证，有人亲身探寻，却始终未能找到二岛的下落。

　　对这两个岛，马可·波罗作了如下的介绍：离克斯马科兰（古印度西部大国）大约800千米的南方大海洋中，有两个彼此相距48千米的岛屿。其中一个岛专住男人，叫男子岛。另一个岛专住女人，称女子岛。两岛男女居民同属一个民族，都是受过洗礼的基督教徒，有自己的主教（主教隶属于索科特拉岛教区），均遵守《旧约全书》的教规。男子来女子岛，只能连续住3个月，大概在4、5月份，来访的男子和自己的妻子住在一个单独的屋子里，3个月期满之后回到男子岛上，度过一年中的剩余岁月，不再有女子作伴。丈夫负责播种谷物，维持自己妻子的生活，但备耕和收获农作物则是由妻子负责的。妻子把自己的儿子留养到12岁为止，然后送给他们的父亲。女儿就留在家里，养到结婚时为止，然后把女儿配给另一岛的男子。他们选择这种生活方式的原因，是由于当地气候不允许他们长年和妻子同居，否则有生命危险。

　　除马可·波罗之外，中世纪的波斯和阿拉伯作家也都有关于印度洋中女儿国的记载。《新唐书》列传第一百四十六回云："拂菻（中国隋唐时指东罗马帝国及其所属西亚地中海沿岸一带）西南际海岛，有西女种，皆女子，多珍货，附拂菻。拂菻君长岁遣男子配焉。俗产男不举。"唐人杜环的《经行记》也说："又闻西有女国，感水而生。"

　　由于马可·波罗的书是脍炙人口的"世界大奇书"，在西方流传广、影响大，因此，其中关于男子岛、女子岛的记述自然引起了人们的巨大兴趣。

　　15世纪末新航路开辟时，追随达·伽马之后来到印度的葡萄牙水手们仍然听到有关男子岛、女子岛的传闻，并曾多次想去寻觅二岛。

1696 年刊行的科伦内尔地图，将男子岛、女子岛的位置定在瓜达富伊岬（索马里东北）附近，合称其名为亚伯杜尔基里岛。英国历史学家马斯登曾采用此说。

1697 年，有个法国传教士从马尼拉寄往欧洲的书信中说，据马尼拉群岛南部某岛屿的人讲，他们那里有一个岛，岛上只有女子居住，自成一国，不许男子掺杂进去。在男人访问此国时，男女相聚数日之后，男子将那些不再需要哺乳的男孩带走，女孩则留在母亲那里。有人认为，这封书信足以证明马可·波罗关于男子岛、女子岛的记述"并非想象之言"。

后来，有人依据马可·波罗所定的方位，在克斯马科兰之南约 800 千米处的海中寻找，发现此处海域实无一岛。于是，又根据马可·波罗在后一章所说，二岛之南 800 千米就到达索科特拉岛，断定此二岛应在克斯马科兰和索科特拉岛两地的中间。而阿拉伯沿岸的莫里安诸岛，正在两地之间，因此，有人曾力图在此区域发现男子岛、女子岛，但毫无所获。

又有人据马可·波罗所说岛民隶属主教，而此主教又隶属于索科特拉之大主教，断定此种传说必限定于一定的区域。

人们尽管作了上述种种推测和查考，但在印度洋却一直未能找到这两座岛，于是便转向他处去寻找。亚当·德·布伦海认为女子岛在波罗的海中。但这一观点很快被推翻了，原因是芬兰与女子岛（芬德兰）二音相近所致。戈兹·德·梅多卡认为，男子岛、女子岛是在东亚海中。他说，距日本不远处发现有女子岛，据说这事是传教士们听到一个曾经到过此岛的人讲的，但在日本的耶稣会士对此却毫无所闻，因此梅多卡本人也感到有些疑惑，不敢完全相信。

迄今为止，马可·波罗所说的男子岛、女子岛的真实性颇有争议。这个神秘的地方究竟在哪里呢？时至今日仍然是个未解之谜。

↑现实版的"男子岛"与"女子岛"

现实版"男子岛"与"女子岛"

在素有"巴伐利亚海"之誉的德国基姆湖（Chiemsee）上，有两座遥遥相对的神秘小岛：男子岛（Herreninsel）和女子岛（Fraueninsel）。这一对拥有特殊名字的小岛，吸引了众多游客。

据说男子岛早在公元8世纪就成了男人的天下。那时，巴伐利亚的教会为了让教士们安心修学，在原本荒凉的岛上修建了男修道院。到了19世纪，巴伐利亚国王路易二世对此地美景情有独钟，就买下此岛。据传言，路易二世与众不同的"性取向"使小岛继续保留了"男子岛只有男人"的特色。

与男子岛的宏伟壮观不同，女子岛让人感到清幽宁静的氛围。女子岛的来历其实和男子岛相似，源于岛上13世纪女修道院的严格规定。从那时起，修女们就一直没有离开过这里。几百年来，修女们过着几乎相同的生活：修学、劳作，并因此练得了一手烹饪绝活——基姆湖熏鱼。

爱搞恶作剧的"幽灵"岛

　　1964年，从西印度群岛传来了一件令人瞠目的奇闻。一艘海轮上的船员发现这个群岛中有一个无人小岛，竟然会像海市蜃楼一样时隐时现。这真是一件闻所未闻的怪事。

　　这个奇异的岛屿是被一艘名为"参捷"号的货轮在航经西印度群岛时偶然发现的。当时，这个小岛被茂密的植被覆盖着，处处是沼泽泥潭。岛很小，船长卡得那命令舵手驾船绕岛航行一周，只用了半个小时，随后他们抛锚登岛巡视一番。在岛上他们并没有发现任何珍禽异兽和奇草怪木。船长在一棵树的树干上刻下了自己的名字、登岛的时间以及他们的船名后，便和船员们一起回到了原来登岛的地点。

　　"奇怪，抛下锚的船为什么会自己走动呢？"一位船员突然大叫起来，"这儿离刚才停船的地方差了好几十米呀！"回到船上的水手们也都大为惊奇。他们检查了刚才抛锚的地方，铁锚仍然十分牢固地钩住海底，没有被拖走的迹象。船长对此满腹狐疑，心想这是不是小岛本身在移动呢？

↑俯瞰幽灵岛所在的西印度群岛海域

　　这件奇闻使人们大感兴趣，一些人闻讯前去岛上察看。根据观察结果，一致认为是小岛本身在旋转，至于旋转的原因，就众说纷纭了。许多人认为，这座小岛实际上是一座浮在海面上的冰山，因潮水起落而旋转。但真相究竟如何，当时谁也不能断言，只能留待科学家们去研究了。

　　没过多久，这座怪岛就从海面上消失，不知所踪了。

  1933年4月，法国考察船"拉纳桑"号来到南海进行水文测量。当他们在海上不停地来回航行，进行水下测量作业时，突然船员们见到在上一回驶过的航道上竟兀立起一座小岛。岛上林木葱茏，水中树影婆娑。可在半个月后，当他们再次来这里测量时，却又不见了这座小岛的踪影。对于这座时有时无的神秘小岛，大家都莫名其妙、不解真情，只好在航海日志上注明：这是一次"集体幻觉"。

  1936年5月，一艘名为"联盟"号的法国帆船航行在南海海域时已是深夜。这艘新的三桅帆船准备开往菲律宾装运椰干。"正前方，有一个岛！"在吊架上瞭望的水手突然叫了起来，顿时惊动了船上的所有船员。船长苏纳斯马上来到驾驶台，举起望远镜仔细地向水手所指的方向观望，在他视线的正前方，一座小岛清晰在目。他感到不可思议，过去经过这里时从未见过这个小岛，难道它是从海底突然冒出来的吗？可是岛上密密的树影，又不像是刚刚冒出海面，那它到底是从哪里来的？所有人都找不到可以解释的答案。此时，船上航海部门的人员仔细查阅航海图，进行计算。经过确定，船的航向准确无误，罗盘、测速仪也工作正常。再查看《航海须知》，那上面根本就没有关于这片海域中有小岛的记载，而且，每年都有成百上千条船经过这里，它们之中谁也没有发现过这个岛屿。就这样，"联盟"号上的一部分船员伏在右舷的栏杆上，注视着前方。朦胧的夜色映衬着小岛上摇曳的树枝，眼前出现的事物，恍若梦境一般。

  当所有人都在困惑不解时，忽然，前面的岛屿不见了，过了一会儿，它又出现在船的另一侧！船长和他的船员们紧张地观察着在他们面前时隐时现、如同鬼魅般的阴影。

  突然一声巨响，全船剧烈地摇晃起来。接着，船体发出了嘎吱嘎吱的声响，桅杆的缆绳相互扭结着，发出阵阵断裂声。一棵树哗啦一声倒在了船头，另一棵树倒在了前桅旁，树叶哗哗作响，甲板上到处是泥土。断裂的树枝、树皮和树脂的气味

和着海风的气味，使人感到似乎大海上冒出了一片森林。船长本能地命令右转舵，但船头却突然一下子翘了起来，船一动不动了。船员们个个惊得目瞪口呆，显然，船搁浅了。

天亮后，船员们终于看清大海上确实有两个神秘的小岛。"联盟"号在其中的一个小岛上搁浅了，另一个小岛是一块笔直地直插海底的礁石，约有150米长。好在船的损伤并不严重，船长吩咐放两条舢板下水，从尾部拉船脱浅。船员们在舢板上努力划桨，一些人下到小岛使劲推船，奋战了2个多小时，"联盟"号终于脱险。"联盟"号缓缓地驶离小岛，两个小岛渐渐地消失在人们的视野之中。这一场意想不到的惊险遭遇，使全船的人都胆战心惊。精疲力竭的船员们默默琢磨着这一难解之谜。

"联盟"号刚一抵达菲律宾，船长苏纳斯就向有关方面报告了他们亲身经历的这次奇遇。当地水道测量局等有关单位的人员听后，都说在这片海域从来也没有发现过岛屿。其他船上的水手们也都以怀疑的态度听着"联盟"号船员的叙述。显然，大家都认为这是"联盟"号船员的集体幻觉。

船长苏纳斯不想与他们争辩。他决定在返回时再去寻找这两个小岛，记下它们的准确位置。他在返回的路上航行了2天，理应见到那两个小岛，可是他却什么也没有见到。在无边的大海上整整转了6个小时，最终还是一无所获。苏纳斯虽有解开这个谜的愿望，但他不能在海上耽搁太久，也不能改变航向，只好十分遗憾地驶离了这片海域……

这些幽灵般的小岛就这样在人们面前忽隐忽现。

一　英国的远古文化遗址"巨石阵"

　　"巨石阵"位于英国索尔兹伯里古城附近的阿姆斯伯里村，距英国首都伦敦120多千米。石阵的主体是由一根根巨大的石柱排列成的几个完整的同心圆，这些巨石高的达8米，平均重量近30吨，然而令人们惊奇的是，有不少重达7吨的巨石是横架在两根立着的石柱上的。

　　几个世纪以来，没有人知道"巨石阵"的真正用途，也没有人知道是谁建造了"巨石阵"，而古老的传说和人们的种种推测，让"巨石阵"更增添了神秘色彩。

　　直至今日，考古学家也只是推测，"巨石阵"可能是早期的英国某宗教部落举行仪式的地点或观测天象的地方。但是，对于"巨石阵"的建造年代，英国考古学家已取得了较准确的结论。他们认为，早在四千多年前，"巨石阵"就开始动工兴建了，工程前后延续了数百年，最后才形成与今天相似的格局。

　　专家们还指出，"巨石阵"的建筑期经历了3个阶段。

　　第一阶段可追溯至公元前1800年左右的新石器时代晚期，当时只是建造了一个圆形土堤，并在紧邻土堤的沟里挖了56个坑，形成了一个圆圈。由于发现坑的考古学者名叫奥布里，故这些坑也被称作"奥布里坑"。

　　第二阶段是第一块石头出现在"洞口"位置上，这是一块重约5吨的砂岩（又被称为"种石"）。在此石出现200年之后，若干石柱才从英格兰西部的威尔士运来，矗立在中央，并形成两个一大一小的圆周。

↑富有神秘色彩的"巨石阵"

第三阶段是从那块"种石"被挪走开始，人们运来了 180 块大砂岩，与原来的石柱重新排列成圆形和马蹄形结构。从现有的遗迹上，人们也可窥见"巨石阵"第三阶段的基本风貌。据估算，以当时的生产力水平，建造"巨石阵"需要至少 3000 万小时的人工，相当于 1 万人工作整整 1 年。

每块重达几十吨甚至上百吨的巨石是如何从几百千米以外的威尔士运过来的呢？在当时的生产力水平下，这些巨石是靠人力运过来的吗？这些问题令考古学家百思不得其解。

12 世纪初期，英国流传着这样一个传说：公元 5 世纪，亚瑟王的宫廷巫师墨林用神力从爱尔兰运来了"巨石阵"，而建造"巨石阵"的目的是墨林准备用一座永恒的纪念碑来纪念亚瑟王的部下。

考古工作者并不相信是神力搬运来的巨石。2005 年 4 月，40 多名专家进行了一次试验，试图用几千年前的方法和工具将一块重约 25 吨的巨石从威尔士运来，但费了九牛二虎之力，才将其挪动了 100 米，那上百吨的石头是怎么运过来的呢？据此专家们估计，这些巨石不可能是通过人力运来的，而更可能是由覆盖在地面的冰川带来的，但此后显然又经过人为地排列，否则不会在夏至那天与太阳升起的位置恰恰排列成一条直线。

考古学家阿特金森发现，几十年来巨石不断被挪走或增加，有的还被运走用于修桥筑坝。由此看来，"巨石阵"在不同的历史时期，在人们心目中的地位可能有天壤之别，有时象征着圣坛，有时则被看成是普通石料。

20 世纪 80 年代，"巨石阵"修复后即成为英国最热门的旅游点之一。每当夏至这一天，来自世界各地的人们都会聚集在"巨石阵"周围等待日出，庆祝"夏至节"。还有一些游客则自称是古代英国克尔特人的后代，他们认为相信多种神灵的古克尔特人即是"巨石阵"的设计师兼建筑师，并在那里举行宗教仪式、解决法律纠纷或向公众发布政令。

旅游学专家温顿博士则声称，希望对"巨石阵"的考古研究不要过分"深入"，留有"悬念"的"巨石阵"才会对国内外观光者具有"难以抗拒"的魅力。

↓ "巨石阵"的摆放似乎不是随意的。

一 马耳他岛的史前巨石建筑

美丽的马耳他岛

作为古文明的一部分，巨石遗迹遍布世界各地。例如埃及的金字塔、复活节岛上的巨石建筑、英格兰的巨石阵、法国布列塔尼半岛的巨石遗迹……凡此种种，不一而足。20 世纪初以来，在地中海上的马耳他岛也陆续发现了多处规模宏大、设计独特的史前巨石遗迹。这些不可思议的巨石遗迹的建造者是谁？在蛮荒落后的石器时代，他们为什么要耗费如此巨大的精力来建造这些巨石建筑呢？这些巨石建筑的用途何在？这些问题让人们至今仍无法回答。

据考证，这些巨石遗迹约建造于公元前 3500—公元前 1500 年间的石器时代。自从有文字记载以来，关于这些古怪巨石建筑的来历和用途就引起了人们的种种猜测。中古时代的人们普遍相信，是魔鬼或巫师建造了这些巨石建筑，或者它们是由大洪水前地球上出现的巨人所建。也有人认为欧洲的巨石建筑是由失落的亚特兰蒂斯帝国所建。另外一些人则认为，它们是古代塞尔特人的督伊德教祭司所建。这些巨石遗迹究竟是庙宇、坟墓，还是所谓的古代"计算机"？学者们始终无法找出一个合理的解释。

马耳他岛是地中海上的一个面积为 246 平方千米的小岛，位于利比亚与西西里岛之间。20 世纪以来人们在这个微不足道的小岛上发现了 30 多处史前巨石建筑遗迹。它们奇特的设计和宏大的规模，引起了人们强烈的兴趣，在欧洲掀起了史前巨石建筑研究热。

马耳他岛上的巨石建筑是所有的远古巨石遗迹当中最具特色的。另外，马耳他岛巨石建筑的发现与目标明显的英格兰巨石阵不同，它的发现纯属偶然。1902 年，在马耳他岛繁荣兴旺的佩奥拉镇发生了一起轰动世界的大事，当时一群建筑工人正在为一家食品店盖房，有几个工人正为建造一个蓄水池凿着地下的岩石。突然，脚下的岩石露出一个洞口，等到凿开一看，竟是一个通过凿通硬石灰岩而建成的宏伟的地下室。但是这并没有引起大多数工人们的注意，他们只是把凿下来的碎石、废泥以及垃圾堆放在洞穴里面，不过其中一个颇有头脑的工人认为此事不同寻常，向当地有关部门作了汇报。闻讯赶来的考古学家对洞穴仔细地进行了挖掘和清理，一个规模宏大、设计独特的史前建筑逐渐清晰地呈现在世人面前。

这座巨大的石制地下建筑共分3层，最深处为12米，里面错综复杂，仿佛一座地下迷宫。它是由上下交错、多层重叠的多个房间组成的。里面有一些进出洞口和奇妙的小房间，旁边还有一些大小不等的壁孔。中央大厅耸立着直接由巨大的石料凿成的大圆柱，支撑着半圆形的屋顶。整个建筑线条清晰、棱角分明，甚至那些粗大的石架也不例外，没有发现用石头镶嵌补漏的地方。它的石柱、屋顶风格与马耳他其他许多古墓、庙宇如出一辙，但别的庙宇都建在地上，而这座建筑却深藏于地下的石灰岩中。由于其构造奇特，人们借用希腊文中的"地窖"（意为"地下建筑"）一词来形容它。

这座"地下建筑"是"庙宇"还是"坟墓"？马耳他的岛民为何在生产力极其落后的石器时代，耗费如此巨大的精力来建造这座庞大的地下建筑？有人认为它是一座地下庙宇。因为在这座地下建筑中，有一个奇妙的石室，人们称之为"神谕室"。这个石室的设计很独特，能够使石室内产生一种神奇的传声效果，因此石室又被称之为"回音室"。这个石室的其中一堵墙被削去了一块，后面是状似壁龛、仅容一人的石窟，一个人坐进去照平常一样说话，声音会传遍整个石窟，并且完全没有失真。由于女性声调较高，不能产生同样的效果，设计者就在石室靠顶处沿四周凿了一道脊壁，女性的声音就沿着这条脊壁向外传播。也正是由于有这个石室的存在，考古学家断定这座地下建筑是一个在宗教方面有着特殊用途的建筑物，说不定它就是祭司的传谕所。此外，考古学家在发掘过程中发现了两尊侧身卧躺的女性人像，还发现了几尊也许是以孕妇作为蓝本的女性卧像。据此，考古学家推测，这里可能是崇拜地母的地方。

整个建筑埋在地下，不见天日，因而显得阴森怪异。于是，当一个虔诚的原始人置身于这样一个诡秘幽玄的地下石室时，突然传来隐身人的说话声，必定会让他产生敬畏之情的。

↑马耳他岛的奇怪石阵

↑石阵近观

↑巨石建筑错综复杂的内部房间

↑巨石建筑内部铺设的楼梯

一 南美平原上的史前巨画

在纳斯卡荒原这片辽阔的原野上，有着多处令人难以理解的奇迹。纳斯卡荒原位于秘鲁西南沿海伊卡省的东南部，面积约 250 平方千米。

1938 年，一名秘鲁飞行员飞经安第斯山脉上空，无意间朝地面看了一眼，发现了不可思议的景象：平时看起来平淡无奇的地表线条，竟然变成一幅幅巨大的图案。这些巨画的每一根线条都是把荒原表面的细砾石挖开而成，其中一些"沟槽"所组成的线条，构成三角形、长方形、梯形、平行四边形和螺旋形之类的几何图案；有些纵横交错的线条很像今天飞机场的跑道和标志性的图案；有的是带有装饰风格的动物图形。由这些巨画所显示出来的跑道宽窄和长短不一，有的长达 5 千米，有的只有 1 千米左右，但都很笔直，并且转角和交叉处都棱角分明。当这位飞行员将其所见公布于世后，这一奇迹在当时并未引起多大的反响，也不是很受人关注。

1939 年，保罗·科学克博士驾驶自己的运动飞机沿古代引水系统的路线进行了一次考察。当他飞越干涸的纳斯卡荒原上空时，他被地面上的一幅巨型图画所吸引：在广袤的纳斯卡荒原上，竟然存在着一幅巨大而神奇的、好像是平行跑道似的直线图画。他简直不敢相信自己的眼睛，于是他驾机折返，再次对这些巨大的图形作了仔细的观察，确实是平行的跑道！这一发现让科学克博士激动不已，他后来惊叹地说："我发现了世界上最大的天文书籍。"

科学克博士有了重大发现的消息不胫而走，很快在美国同仁中传开。这个惊人的发现在不到一个星期的时间里，就在世界各地引起了巨大的反响。随后，世界各地的考古学家、天文学家、地质学家、化学家以及人类学家鱼贯而入南美大陆，纷纷奔赴纳斯卡荒原这一渺无人烟之地。随着第二次世界大战的结束，南美这一奇怪的巨画再次成为人们关注的焦点。

↑ 巨画图案

1952 年，国际考古学界和天文学界联手对纳斯卡荒原巨画进行一次大规模考察。德国天文学家玛丽亚·赖希小姐是这次大规模考察活动的成员，她见到这些神秘的图案后，就被它们所吸引，再也不愿意离开这块土地，并为此付出一生精力。

她从这片平原上认出了数百个三角形、四边形或平行的跑道。她在那些纵横交错的直线中，还发现有很多又长又宽的条纹横贯其间，有的像道路，有的像方格、圆圈、螺纹，还有许多不可名状的东西像是某些植物，只不过植物的具体形态也被"画家"省略了，只剩下简练的线条。

纳斯卡荒原上的这些巨图还有许多动植物图案，如飞鸟、猴子、蜘蛛、不明植

↓ 形似蜘蛛的纳斯卡巨画

↑ 鸟形图样

↓ 此画类似巨大的三叉戟

物，甚至鲸等。在这些千奇百怪的图案中，有一幅著名的蜘蛛图：这只 45 米长的蜘蛛，以一条单线组成，是纳斯卡荒原上最动人的动物寓意图形之一。赖希小姐认为，这幅图很可能是某个特权阶层的图腾，也许他们是在某个特定的节日制作了这个图形，而图形中的蜘蛛很可能与预卜未来的仪式有关，但也可能是纳斯卡人崇拜的星座之一。

此外还有一类名字叫"鸟图"的图案，在纳斯卡荒原上共有 18 个这种鸟图。这种鸟图尺寸非常巨大，长 30~37 米不等。一条 6 千米的太阳准线穿过这幅宏大的鸟图中 140 码长的翼展。同时，在纳斯卡出土的部分陶器上也发现有类似的鸟。

更奇怪的是，有一个巨大的三叉戟图案刻在皮斯科海湾附近一座光秃秃的山脊上。这又是怎么回事？它是怎样设计出来的？

纳斯卡荒原上的这些幅巨图，激起科学家们无尽的迷惑。巨画中的那些宽广的线条是用什么做成的呢？

考古学家们在实地考察后发现，这些由线条构成的图案是由深褐色表土下显露出来的一层浅色卵石造就的，这些图案是将地表褐色岩层刮掉 3~4 厘米，露出浅色岩层而形成的。

线条平均宽度 10~20 厘米，有的线条甚至宽达 10 米。每砌成一条线条，就需要搬运几吨重的小石头，而图案线条中那精确无误的位置又决定了制作者必须依照精心计算好的设计图才能进行。

而当时的纳斯卡居民尚处于原始社会，这些巨画是怎样制作出来的呢？赖希小姐认为，古代居民可以先用设计图制作模型，然后把模型分成若干部分，最后按比例把各部分复制在地面上。另外有一些人认为，这些巨画是按照空中的投影在地面上制作的。这样解释虽能比较直截了当地解决设计和计算的困难，但却引出更多的问题。

古代纳斯卡人不可能掌握飞行技术，那么，是谁在空中进行投影呢？让全世界考古学家都迷惑的难题是，对巨画制作方法的不同解释是与对巨画作用的不同解释联系在一起的。

南美的史前人类创造出来的这些向天空展示的作品，究竟是想表达什么呢？目前我们还不能对此做出解释。但在科学家的不懈努力下，南美史前巨画的谜底终有一天会大白于天下的。

一　神秘的美洲地下长廊

↑中美洲的地理位置

1946 年，英国科学家威尔金斯在《古代南美洲之谜》一书中断定，由史前文明人开辟建造的地下长廊首尾相接并有许多支岔，可纵贯欧、亚、美、非各个洲域，进而得出地球内部曾经乃至现在仍存在"地下王国"的结论。威尔金斯的观点尽管更多的只是一种假说和推断，但他说得有根有据，富有诱惑力。那真的存在地下文明吗？

其实，人类在这方面很早就开始了探寻的努力。1941 年 1 月，罗斯福曾交给戴维·拉姆夫妇一项极其秘密和重要的寻找地下世界的使命。拉姆夫妇领命以后，率领一支美国考察队前往墨西哥的恰帕斯丛林，寻找地下长廊的入口。1942 年 3 月，拉姆夫妇向罗斯福汇报了他们的考察经历。据拉姆夫妇回忆，当他们横穿当地密林时，遇到了把守地下长廊入口的皮肤呈蓝白色的印第安人，并发现了秘密入口的线索。但是这些印第安人在密林中马上包围了考察队，严令考察队立刻离开，不许再前进一步。

随行的印第安人向导上前与他们搭话后，得知他们是玛雅人的后裔，是印第安族的一个分支，叫拉坎顿人。他们世代居住在密林中，守护着密林深处的圣地。地下长廊的入口就在此处，它通向地底的远方，那里藏有珍宝，拉坎顿人遵守祖训，不准外人进入他们的圣地。也就是说拉姆夫妇没能进入拉坎顿人守护的地下隧道。

二战结束后至今，对地下世界的考察更加盛行，各种各样的新发现也让人备受鼓舞。

如果说以上所述的地下隧道还只是一些静态的历史遗迹，但是人们还曾发现一些更离奇的事实，这似乎是向人们昭示有一些活动着的"地下王国"在地球内部存在着。

↓地下长廊的所在地——安第斯山脉

　　1994 年，墨西哥城街道因一次偶然的地陷，竟在地下污水渠中发现了 3 名"地鼠人"。3 名"地鼠人"因地陷而被压死，尸体被立即送往墨西哥大学进行解剖、分析和研究。另外，一位墨西哥人类学家威廉·格治博士在地陷后进入地下水道，竟然与"地鼠人"迎面相遇。"地鼠人"十分惊慌，并且转身就跑。当博士追过去想抓住其中一个时，那"地鼠人"的身体十分滑溜，挣脱后转眼间就逃得无影无踪了。这些"地鼠人"虽然四肢齐全，但身材十分矮小。

　　为何在美洲大陆会频频出现神奇"地下王国"的"影子"？如何看待这些奇怪的现象？对此，考古学家、人类学家以及地质学家做出了各种各样的推测和解释。

　　虽然有人认为，所谓"地下王国"纯属荒谬之谈，但很多严肃的科学家根据地球裂口和熄灭的火山口多次发现"地底人"出没的事实，将这种现象与美洲存在的无数地下长廊联系起来考虑，进行了进一步的推测后，表示："在环绕南北美洲、亚欧大陆，通过'地下长廊'穿陆过海的地方，确实存在着某些'地下王国'，美洲地下长廊正是某个地下王国的活动场所。"

　　根据这种推测，不仅美洲大陆存在地下长廊，而且在亚、非、欧也有地下长廊或地下王国。有些科学家认为，南极强磁场、沙斯塔山火山口以及百慕大三角都是通往另一个世界的门户。那些可能具有高度文明的"地下人"，正是通过这样的门户自由来往的。

　　那么，美、亚、非、欧诸洲的地下长廊到底是谁的杰作呢？"地下王国"里的人为什么要生活在地下而不回到阳光明媚的地面呢？随着科学技术的进步，人类对地球的了解越来越深入，对"地下王国"这样的神奇事件也逐渐能做出一定的解释。

　　但是，逃到地下长廊里的人为什么要一直生活在地下？1972 年，一位法国工程师在加蓬共和国的矿区发现一个早已停止运转的核反应堆。那么这个核反应堆是谁建造的呢？人们推测，是当时的地球人建造的，可是，当时的地球人又到哪里去了呢？现在的地球人类是在 100 万年前才在地球上出现的，而核反应堆经测算已运转了 50 万年，因此，上一代地球人至少是在 150 万年前出现的。他们并非因自然灾变而毁灭，而是由于核战争而毁灭的。少数核战争的发动者（例如亚特兰蒂斯人）由于事先开凿了地下长廊而幸免于难，但由于地球环境（核战争）的作用以及长期生活在地球内部的影响，他们逐渐变成了嗜热动物，终于成为只能靠地内高温生存的"地底人"。大致说来，这些"地底人"已拥有 20 亿年的文明史。

　　上述说法给"地下王国"提供了一个较为合理的解释。地质学家以及地球物理专家也提出相应的事实来使这种解释进一步合理化。他们认为，地球内部某些部分是空的，而这些空的部分正是"地下王国"的活动场所。于是，科学界关于"地球空洞学"的争论被引发。

←迷人的美洲风光下却潜藏着不为人知的威胁

第4章

江河湖海

人类的祖先栖居在江河两岸和湖泊周围，
以方便饮水和交通的便利。
后来，
随着掘井技术的发现和发展而逐渐远离江河。
人一天需补充 2.5 千克水，
失水 6% 就会口渴，尿少，甚至发烧；
失水 10%～20%，即会产生幻觉，
导致昏厥，甚至死亡，
可以说，
对于人生存来讲水比食物更重要。
的确，
水是生命之源，
而目前人类所使用的淡水都来自于江河湖泊。

一 长江之水哪里来

↑ 如今，长江的源头——沱沱河也已遭到了一定程度的污染。

"河有头，江有源。"那么长江这条闻名世界的大川，其源头究竟在哪里？为了找到长江的源头，数千年来，人们进行了艰苦卓绝的探索。

早在战国时期，《尚书·禹贡》已经提到"岷山导江"了。它的本意是说大禹治理长江，施工曾达岷山，但也包含着岷江是长江的源头的意思，即认为长江发源于岷山。由于《尚书》在古代一直被列为儒家经典，因而"岷山导江"之说影响久远。《山海经·中山经》中也有"岷山，江水出焉，东北流，注于海"的记述。

西汉武帝时通西南夷，在今云南、贵州和四川南部建立了一批郡县，人们对西南边疆地区的地理状况有了更深入的认识，并且发现了绳水（今金沙江）和若水（今雅砻江）。尽管当时人们已经知道金沙江远长于岷江，但关于长江的起源，仍沿袭旧说。因为他们认为《尚书》是"圣人之典"，没有理由会出错。

唐贞观十四年（公元640年），唐太宗为了加强汉、藏民族间的往来，将文成公主嫁给吐蕃首领松赞干布。文成公主入藏时，由于入藏通道经过今天的通天河流域，因此，人们的认识范围已经扩展到金沙江上源了。

明朝末年，地理学家徐霞客克服重重困难，通过对云南山川进行实地考察后，著成了《江源考》（又名《溯江纪源》）一文，旗帜鲜明地主张把金沙江作为长江的正源。徐霞客在他的文章里论证道："岷江经成都至叙（今宜宾）不及千里，金沙江经丽江、云南乌蒙至叙，共二千余里。"他认为岷江汇入长江就像渭河流入黄河一样，岷江只是长江的一条支流而已，由此他提出了"推江源者，必当以金沙江为首"的著名论断。著名文人钱谦益评价徐霞客说："徐霞客论江源'能补桑经、郦注及汉宋诸儒疏解《禹贡》所未及。'"钱谦益的评价是相当公允的。不过，根据现有的记载表明，徐霞客最远只到了

←阎立本的《步辇图》描写了贞观十五年（公元641年），唐太宗接见曾迎文成公主入藏的吐蕃使者禄东赞时的情景。

云南丽江的石鼓，未能溯江西上，因此离真正的江源还非常遥远，这还有待于后人去发现。

清朝康熙后期，为了编制精确的全国地图，曾多次派人探测青藏地区，包括江源在内。不过，康熙派出的使臣在到达江源地区时，面对密如鱼网的众多河流，毫无头绪，不知所以，只得望洋兴叹。他在奏章里写道："江源如帚，分散甚阔。"就是说那里的河流多得就像扫帚一样，百支千条，数不胜数，让人分不清长江的源头究竟在哪儿。因此，在朝廷内府地图《皇舆全览图》上，只得含糊其词地标示金沙江上源为"木鲁乌苏河"。可见，即便到了清朝，人们对江源地区河流的认识依然是非常肤浅的。

↓ 著名的万里长江第一桥就飞架在沱沱河沿的河滩。

在中国近代史上，帝国主义在大肆侵华的同时，长江这块宝地也成了他们的目标。不同国籍的所谓探险家们，曾多次踏上青藏高原。

沙皇俄国军官普热瓦利斯基在 1867—1885 年的 18 年间，曾 5 次率领武装"探险队"窜入我国新疆、青藏地区活动，其中两次到达通天河上游。1892 年，美国人洛克·希尔更深入到现在青藏公路西侧的尕尔曲。瑞典著名探险家斯文·赫定曾到达柴达木盆地的南缘昆仑山附近。他们虽然都已到达了江源地区，但都未能到达长江的源头。

晚清及民国年间，涉及江源水系的著作有很多，1946 年初出版的《中国地理概论》是一本有代表性的著作，书中写道："长江亦名扬子江，源出青海巴颜喀拉山南麓……全长 5800 千米，为我国第一巨川。上游于青海境内有南、北两源，南源曰木鲁乌苏，北源曰楚玛尔。"既然黄河发源于巴颜喀拉山北麓，而长江又源出该山之南，于是便有"江河同源于一山，长江和黄河是姐妹河"之说。

当时，这一说法作为教材被写入中小学地理教科书，并且介绍 5800 千米长的长江为世界第四大河，因此谬传甚广，影响极深，直到解放以后，这种观念仍然盛行于世。

新中国成立后，曾对长江之源进行了多次考察。1976 年夏和 1978 年夏，长江流域规划办公室曾两次组织江源调查队，深入江源地区，进行了详尽的考察，结果

↓ 生机勃勃的长江三峡

↑巫峡的青绿风光

↑长江源头——各拉丹冬山

表明：长江上源深入青藏高原的唐古拉山和昆仑山之间，这里有大大小小十几条河流，其中较大的有3条，即当曲、楚玛尔河和沱沱河。这3条河中，楚玛尔河水量最小，冬季常常干涸，因此它不可能成为长江之源；论流域面积和水量，以当曲为最大；但论长度，沱沱河比当曲还要长18千米。因此，根据"河源唯远"的原则，学者们确定沱沱河为长江正源。考察结果显示，长江全长不止5800千米，而是6300千米，比美国的密西西比河还要长，仅次于南美洲的亚马孙河和非洲的尼罗河。

一般而言，目前地学界对如何确定一条河流的正源（又称主源）尚存在一些分歧。确定源头的说法，据不完全统计，多达十几种，归纳起来，重要的大致有如下几种主张：

1. "河源唯远"，以距河口最远点作为河流的发源地（源头）。即依河流长短，水流最长者为正源。

2. 依水量之多寡，水量大者为正源。

3. 依河网平面图的上下游一致性。即某条源流与下游干流流向比较顺直一致，形似干流向上的自然延伸者为正源。

4. 依河谷发育期的早晚，河谷形成较早者为正源。

5. 依历史习惯，维持人们长期以来的普遍看法而不去轻易变更。

在上述几种主张中，赞同"河源唯远"的较多。事实上，世界许多河流的长度都是以距河口最远点作为量算河长的起点。

现在确认的长江和雅鲁藏布江的源头大致都是以"河源唯远"为主要标准确定的。

不过，1986年的"长江漂流"对于长江源头究竟在哪里又有了一些不同的看法。认为当曲的流量为沱沱河的3倍左右，流域面积为3.1万平方千米，而沱沱河仅为1.69万平方千米。根据主导指标和综合分析相结合的原则，从河流长度对比、流域面积与流量对比以及地理环境、江源水力补给特征等方面因素考虑，当曲在长度、流量和流域面积3个主要指标中均占有绝对优势，而沱沱河只在河流走向和海拔高度这些非主导指标上略占优势，因而长江的正源应该为当曲，而不是沱沱河。

每一种说法都有其自己的依据，至于长江的源头到底在哪，目前仍处于争论中。

一 "九曲回肠" 的荆江河水

　　贯穿 "两湖" （湖南、湖北）的荆江全长 404 千米，以藕池口为界，分为上荆江和下荆江。上荆江长约 164 千米，下荆江长 240 千米，但直线距离仅 80 千米。江水在这里绕有 16 个大弯，素有 "九曲回肠" 之称。两岸河网纵横，湖泊密布，土地肥沃，又被称为 "鱼米之乡"。江中多浅滩，河槽经常摆动，枯水期不能保证标准航深。那么，为什么会出现这种现象呢？

↑宏伟的荆江大堤

　　从河流学的角度来看，上荆江由于河水的流向与河床构造运动一致，因此增强了河流的纵向流速，河岸沉积物胶结程度比较紧密，因此相对比较稳定。而下荆江河水流向则与河床构造运动呈垂直相交，横向环流的冲刷作用非常厉害，再加上河岸沉积物比较松散，很容易被流水掏空，因而经过一段时间后，逐渐发育成为典型的 "自由河曲"，即蜿蜒性河道。

　　那 "九曲回肠" 到底是什么时候形成的呢？

　　关于 "九曲回肠" 的形成要追溯到远古时期。远在先秦时期，长江出江陵进入广阔的云梦泽后，荆江河槽淹没于江汉平原（古称云梦泽）所在的湖沼中，河床形态还不明显，荆江以泛滥漫流的形式向东南汇注。

　　到秦汉时期，由于长江泥沙长期在云梦泽一带沉积，以江陵为顶点的荆江三角洲开始慢慢形成。江水呈扇状分流，向东、南方向扩散。处于高度湖沼阶段的下荆江开始出现一些分流水道，如涌水、夏水等。

　　魏晋南北朝时期，荆江两岸出现许多穴口和河流，使江水流量分泄。三角洲向

↓荆江分洪蓄洪工程北闸

东南发展的同时，云梦泽主体被迫向下推移。据《水经注》记载，在今石首境内的下荆江河床已开始形成。

唐宋时期，随着云梦泽的解体，上荆江河段穴口淤塞，荆江统一河床最后塑造完成。当时，在荆江两岸仍有20多个穴口，加上江北有扬水、夏水、鹤水分流，对下荆江流量起着调节作用。因此，史称"宋以前，诸穴畅通，故江患差少"，可见当时河床仍然比较稳定。

南宋以后，荆江河道发生了巨大的变化。南宋时，金兵占据了北方，汉族人民大规模南迁，沿江筑堤围垸，扩大垦殖，荆江两岸穴口几乎完全堵塞。堤垸制止了河流在洪汛期向河滩漫溢，这样就把水流限制在河床里，经过一段时间后，由于泥沙的大量沉积，河床远远高于最初状态。到了明代，这些穴口又重新被洪水淹没。

到明朝隆庆年间，政府组织人员疏浚了其中的调弦口穴。水流经过弯道时，由于环流离心力的作用，凹岸在主流的冲刷下，逐渐崩坍后退，泥沙则在水流较缓的凸岸淤积，河湾逐渐延长。下荆江就这样以增长河曲的长度来适应日益增长的流量。

↑ 夕阳西照的荆江格外宁静

↑ 荆江上段防汛工程

另外，人们在河曲凸岸新近沉积的沙滩上筑堤坝，进行垦殖，又进一步巩固了凸岸的河床。河流由单一顺直河形迅速向蜿蜒河形方向转化，河流的曲度越来越大。经过岁月的铸造，最终形成了"九曲回肠"的现状。

《水经注》

↓ 郦道元和他的著作《水经注》

《水经注》全书共40卷，记载的河流水道共1252条，文字则是《水经》的20余倍，达32万字。其内容非常丰富，它以水道为纲，将河流流经地区的古今历史、地理、经济、政治、文化、社会风俗、古迹等作了尽可能详细的描述。

在地质学方面，郦道元在《水经注》中对于流水在地质形成中的作用进行了阐述，初步具备了流水侵蚀、搬运和沉积作用的思想，在中国古代地质学史上占有重要地位。

"长江第一湾" 金沙江

金沙江为长江上游，发源于青海境内唐古拉山脉的各拉丹冬雪山北麓，是西藏和四川的界河。它在江达县和四川的石渠县交界处（江达县邓柯乡的盖哈河口），进入昌都地区边界，经江达、贡觉和芒康等县东部边缘，至巴塘县中心线附近的麦曲河口西南方小河的金沙汇口处入云南，然后在云南丽江石鼓突然来了一个大拐弯折向北流，之后又折向东流，形成著名的"长江第一湾"。

金沙江以产沙金得名，长 2308 千米，流域面积为 49.05 万平方千米。金沙江河谷地貌特征以德格县白曲河口和巴塘县玛曲河口附近为界，分为上、中、下三段。其中上段为峡宽相间河谷段，中段为深切峡谷段，下段为峡谷间窄谷段。

↑长江上游蜿蜒曲折的金沙江

千百年来，"长江第一湾"使古今中外到过此地的人都困惑不解，即便是世世代代居住于此的江民们也不知道这弯是怎样形成的。

到底是什么原因造就了"长江第一湾"，科学工作者通过对金沙江的河流形态进行深入研究，提出了下面一些推断。

↓云龙桥位于漾濞县城西边的漾濞江上

一种被大多数人认可的看法是，从前金沙江和怒江、澜沧江等一起并肩南流，并没有今天的大弯。在流经它们东面不远的地方，另外存在一条由西向东流淌的河流，暂且叫它"古长江"。湍急的古长江水不断地向西延伸着，时间一长，终于有一天，古长江与古金沙江在石鼓村附近相遇了。

俗话说："人往高处走，水往低处流。"古长江地势比古金沙江要低，所以滔滔的金沙江水受到古长江谷地的吸引，自然掉头向东。于是，金沙江就成了长江的一部分。这种现象，在地貌学上叫"河流袭夺"。"河流袭夺"的意思是说一条本来流得好好的河流，被另一条毫不相干的河拦腰斩断，把它掠夺到自己的怀抱里。人们认可"河流袭夺说"的另一个原因是，在今天的金沙江石鼓大拐弯的南方，也就是人们认为当年金沙江流过的地方，真的存在一条小小河流——漾濞江。

漾濞江的源头与石鼓的距离相隔不远，那里还有一条宽阔的低地。这里虽然没有河流，可清晰的轮廓告诉人们，那里是一种河谷的形态。

但是，也有人认为大弯的形成与地壳断裂有关。他们发现在石鼓以下的虎跳峡是沿着一条很大的断层发育起来的。金沙江在它流淌的过程中，碰巧遇到这条断层，河流不得不来了一个大拐弯。

袭夺也好，沿着一条断裂带流淌也罢，当时留下来的遗迹已经被无情的风雨侵蚀得面目全非了，再也无从考证。所以，这两种意见争论了多年，时至今日，仍然没能取得一致看法。

←虎跳峡谷中最窄的一段路

一 钱塘江涌潮为何有时失信

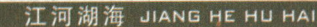

　　钱塘江是浙江省最大的河流，由西往东注入杭州湾，流入东海。钱塘江涌潮为世界一大自然奇观。每年农历八月十五，钱塘江涌潮最大，潮头可达数米。海潮来时，声如雷鸣，排山倒海，犹如万马奔腾，蔚为壮观。观潮始于汉魏，盛于唐宋，历经 2000 余年，已成为当地的习俗。

　　钱塘江河口和杭州湾位于北纬 30°~31° 之间。从天文因素来说，南岸湾口附近属非正规半日潮，其余部位的潮汐均属半日潮，即一日有两次潮汐涨落，每次涨落历时 12 小时 25 分左右，两次涨落的幅度略有差别。

　　因此说"一年一度钱江潮"的说法是不科学的。这种说法容易给不了解真相的人一个错觉，以为钱塘江潮一年只有一次观潮的时机。事实并非如此，其实每个月都有两次大潮汛，每次大潮汛都有三五天适合观赏涌潮。

　　阴历每月有两次大潮汛，分别在朔日（初一）之后两三天和望日（十五）之后两三天，而在上、下弦之后的两三天则分别为小潮汛。每年阳历三月下半月至九月上半月，太阳偏向北半球时，朔汛大潮大于望汛大潮，且在大潮期间日潮总是大于夜潮。而在九月下半月至次年三月上半月，太阳偏向南半球时，情况正好相反，朔汛大潮小于望汛大潮，大潮期间的日潮也总是小于夜潮。越接近春分和秋分，这种差异越小，愈接近夏至和冬至，这种差异愈大。就全年而言，则以春分和秋分前后的大潮较大。

　　至于这两个时期的大潮哪个大，则其有19.6 年的周期变化，其中一半时间春分大潮大，另一半时间秋分大潮大，两者的差别也由小逐渐增大，然后又由大逐渐减小。潮涌为什么会这么有规律呢？

　　我们知道，海洋潮汐是由海洋水体受天体（主要是月亮和太阳）引力作用而产生的一种周期性运动。因此，潮汐的涨落有一定的规律。

　　钱塘江涌潮是海洋潮波在钱塘江河口这种特殊地形条件下的特殊表现，当然也应遵

↓ 汹涌的钱塘江潮水

↑2005年9月6日，海宁丁桥突涌的潮柱如"原子弹"爆炸。

守这种规律。可是，为什么明代的孙承宗在他的《江潮》一诗中却写道："休嫁弄潮儿，潮今亦失信。乘我油壁车，去向钱塘问。"他所谓的失信，也称失期，就是该有涌潮的时候看不见涌潮，这是为什么？

对此，一个问题摆在了地理学者们的面前：汹涌壮观的钱塘江潮究竟有没有失信于人？

南宋咸淳十年（公元1274年）曾有"钱塘江潮失期不至"的记载。

德祐二年（公元1276年），元军初次来到杭州，对涌潮之事一无所知，他们将营地驻扎在钱塘江的干沙滩上。这一盲目的行为让杭州百姓和宋室暗喜，因为在他们以往的生活中，涌潮过不了几天就会如期而至了。他们急切盼望涌潮到来，将元军连营卷去以解被破城之险。谁知，一连3天过去了，一点儿涌潮的影子都没有，大宋百姓无不为之大惊，认为天助元军，宋皇朝天数已尽。

无独有偶，清顺治二年（公元1645年）六月，清兵进入杭州时，多铎进取浙江，将营驻扎在江岸边，明朝士兵心里窃喜，以为他们必定逃不掉涌潮带来的灾难。谁知却出乎意料，江潮并没有如期出现。

潮水为什么会出现这种失信的情况？这跟钱塘江河口的地理有密切的联系。随着时间的推移和江道的演变，杭州的潮势慢慢有所衰退。

另外，钱塘江河口的泥沙主要来自大海，涨潮时潮流中挟带着大量泥沙，落潮时部分泥沙落淤在河口段，靠每年汛期上游来的山水将泥沙往下冲移。一旦遇上雨少天旱，山水流量小的年份，便造成河口泥沙堆积，妨碍潮波传播。当江道淤塞较严重时，涌潮便不能到达杭州。所以，涌潮失信并不表示没有产生涌潮，有可能是传播受阻，无法到达杭州。

通常来讲，涌潮总是有规律地在钱塘江上出现，但有的时候由于受复杂的环境因素的影响，偶尔也会失信于人，这也是钱塘江涌潮最令人捉摸不定的地方。

↓钱塘江大桥

一 有"圣河"之称的恒河

恒河位于印度北部，是南亚的一条主要河流，全长 2580 千米。

恒河的源流之一是从喜马拉雅山脚下名为"牛嘴"的冰洞流出的，称为帕吉勒提河。这是印度最神圣的河，在阳光的照射下，看起来就像一条发光的银带。

这条活力充沛、生机勃勃的溪流穿过加瓦尔山间的一个深谷，来到代沃布勒亚格城。

在巍然耸立的悬崖下，帕吉勒提汹涌的河水与平静的阿勒格嫩达河水合二为一，构成真正的恒河。

赫尔德瓦尔城是恒河流经的最神圣地点之一。每年春天，近 10 万印度教徒自发地聚集在此。他们用树叶折成小船，里面放满浸过酥油（纯净奶油）的万寿菊花瓣，然后将它点燃，将船放入水中，让其随波逐浪而去，以这种方式来庆祝恒河的诞生。

↑ 在恒河边火葬是印度人的习俗

瓦拉纳西是印度最古老的城市，以前称为贝拿勒斯，是恒河沿岸最神圣之地。恒河水在这里流过沿岸约 3 千米长的著名台阶（供沐浴人上下的台阶）。老弱病残的朝圣者都希望能在此了却余生。因为，传说此地的恒河可以将印度教徒的灵魂从令人厌倦的轮回转世（一个周而复始的生、死与再生的循环）之中解脱出来。能洗净虔诚的朝圣者充满世俗罪孽的灵魂。如果把人火葬后的骨灰撒入河中，就能帮助他得到更好的来世，甚至能提早获得"解脱"。

↑ 著名的帕苏帕提那火葬台，印度教徒火葬的地方。

因此，在著名的帕苏帕提那火葬台上，人们将死去亲人的尸体用檀香木焚烧，然后将其骨灰撒入恒河中，帮助其完成生前遗愿。

恒河不是世界上最长的河流，但是，世界上再没有哪条河流比它更受人尊敬，更令人受激励。对印度教徒来说，恒河之水成为他们到达极乐世界的桥梁，恒河也就成了他们心目中的"圣河"。

十一 "生命王国" 亚马孙河

↑ 曲折绵长的亚马孙河

↓ 食人鱼是亚马孙河的可怕物种。
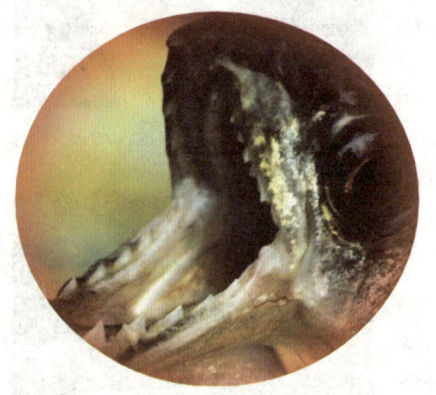

↓ 亚马孙河的奇异蛙类

亚马孙河发源于秘鲁中部的安第斯山脉，是世界上流量最大、流域面积最广的河流。长度仅次于尼罗河，是世界上第二长河。

在亚马孙河平原西部有雄伟的安第斯山脉，北部有古老的圭亚那高原，南部有世界上面积最大的巴西高原。当亚马孙河自西向东流时，沿途融入了1000多条支流，形成了庞大的亚马孙河水系网，其中长度超过1000千米的河流就有20余条，流域面积达705万平方千米，约占南美大陆总面积的40%，其范围之广，堪称世界之最。

1500年前，西班牙的平松发现了亚马孙河河口，当时他率领的西班牙探险队自大西洋溯河而上，航行了80千米。40年后，德奥雷尔拉纳率领另一支西班牙探险队，从遥远的安第斯山出发，经纳波河和亚马孙河抵达大西洋，完成了一项超前的探险壮举。

直到19世纪，亚马孙河才引起动植物学家们的关注。通过考察，他们发现亚马孙河陆地生活着美洲虎、细腰猫、貘、水豚、犰狳等动物。水中至少有2000多种鱼类，其中有生性凶残的食人鱼，艳丽的脂鲤，也有有毒的虹鱼和会放电的电鳗，还有臭名远扬的红水虎鱼。

在亚马孙河流域中，最大的食肉动物叫黑色宽吻鳄。这种鳄鱼长可达4.6米，对人类有一定的攻击性，主要以海牛等水生哺乳动物为食。

亚马孙河还有一个世界自然奇观，那就是涌潮。一般潮头高1~2米，大潮时可达5米。每逢涨潮，涛声震耳，气势磅礴。

亚马孙河是南美洲人民的骄傲。它恢宏壮观，一路浩浩荡荡，千回百转，滋润着705万平方千米的土地，孕育了世界上最大的热带雨林，使亚马孙河流域成为世界上公认的最神秘的"生命王国"。

一 中国的鄱阳湖"魔鬼三角"

鄱阳湖古称彭泽，面积达 3914 平方千米，正常水位时容积 300 亿立方米，是我国的第一大淡水湖。对鄱阳湖水系有蓄洪、滞洪作用，并富灌溉、航运之利。鄱阳湖烟波浩渺、水草丰美，湖中有大量长江流域的珍贵鱼类漫游，每年还有许多珍贵的鸟类栖息在这里，使得鄱阳湖的风景更加宜人。

不仅如此，鄱阳湖自古以来就是文人墨客会聚之地，许多诗人都在此留下了不朽的诗句，如王勃的"渔舟唱晚、响穷彭蠡之滨"、苏东坡的"山苍苍、水茫茫、大孤小孤江中央"，描绘的都是鄱阳湖的胜境。

同样，使鄱阳湖蜚声海内外的还有屡屡发生的沉船事故。

1985 年 3 月 15 日，一艘编号"饶机 41838 号"、载重 25 吨的船舶，于凌晨 6 时 30 分在老爷庙以南 3 千米处沉没于浊浪中。同年 8 月 3 日，江西进贤县航运公司的两艘载重 20 吨的船只也在老爷庙水域葬身湖底。同一天中，在此处遭此厄运的还有另外 12 条大小不一的船只。

据统计资料显示，1985 年，在老爷庙水域沉没的船只有 20 多条。1989 年也有数十条船只在此水域沉没。

美丽的鄱阳湖已成为中国"魔鬼三角"的代名词，夺去了许多无辜生命，毁灭了许多宝贵财富。

是什么让它屡次显露杀机？制造惨案的秘密究竟何在呢？问题似乎变得越来越令人不可捉摸，令人费解。

为了揭开这个谜底，江西省曾组织一支由自然、气象、地质专家和相关科研人员组成的考察探险队，对鄱阳湖"魔鬼三角"水域进行全面的考察和探测。

考察队在老爷庙东南、西北、西南"魔鬼三角"水域内，建立了 3 座气象观测站，以测试老爷庙周围地势、风力等诸多自然环境因素。经过一系列的考察、测试和对当地渔民的走访，得出了这样几点结论：

1. 每一次沉船事故，没有任何先兆，船上的人几乎在毫无防备的情况下，突遇狂涛巨浪。

2. 狂风恶浪持续时间短，从浓黑的雾气弥漫、滚滚浊流吞噬船只到湖面上风平浪静，前后只有短短的几分钟。

↓看似平静的鄱阳湖却暗藏着重重杀机

↑ 阴雨天鄱阳湖一片平静

↓ 碧波荡漾的鄱阳湖

3. 狂浪来袭时，往往伴有风雨、怪啸和船体的碎裂声。四周黑气沉沉，难辨五指。

经过对每一次事故的研究分析后考察队员们发现，老爷庙沉船事故多发生于每年春天的三四月。另外，出事的当天，往往天气很好，晴空万里、风平浪静，而在阴雨天却从未发生沉船事件，这让考察队员们百思不得其解。按常理来解释，只有天气恶劣的情况下才有可能发生沉船事故。为什么在鄱阳湖却恰恰相反？

据说，20 世纪 70 年代中期，曾有人在鄱阳湖西部地区目睹了一块呈圆盘状的发光体在天空游动，长达八九分钟之久。当地曾将上述情况报告上级有关部门，但有关部门并没有做出合理的解释。

考察队从大量资料中查阅到一张《联合国环境报》于 1989 年 9 月 8 日登载的艾德华·皮尔的回忆文章。文章除了描述他在 40 年代中期在鄱阳湖"魔鬼三角"打捞日本沉船"神户 5 号"所经历的险情外，特别在文章中强调说："事后，我经过多次测试才明白，'魔鬼三角'处于北纬 30° 的危险区域，这是令世界探险家都感到可怕的数字。"

为什么北纬 30° 附近会出现这些怪异现象？是有某种内在联系还是一次偶然的巧合，至今没人能给出答案。

后来，考察队又搜寻了鄱阳湖"魔鬼三角"水域底下方圆十几千米的地方，湖底除了各种大大小小的鱼蚌外，什么也没有。一个问题随之而生：沉船哪里去了？为什么没有残骸？考察队员陷入迷惑之中。

自 20 世纪 80 年代末开始，世界各国科学家纷至沓来，对鄱阳湖"魔鬼三角"进行考察。1989 年，"联合国科学考察委员会"派遣一支科学考察团赴鄱阳湖进行实地考察，同样是无果而终。

鄱阳湖的谜团继续困扰着我们，使我们无法看清鄱阳湖"魔鬼三角"的真面目。

一 "西伯利亚明眸"贝加尔湖

贝加尔湖，世界上最古老的湖泊之一，约形成于2500万年之前。"贝加尔"这个名字据说是大约1300年前住在这里的库里堪人起的，意思是"大量的水"。

该湖位于俄罗斯东西伯利亚南部，中国古称"北海"，曾是我国古代北方民族的主要活动地区，汉代苏武牧羊即在此地。俄罗斯人称贝加尔湖为"圣海"。

贝加尔湖狭长弯曲，长636千米，平均宽48千米，最宽处79.4千米，好像一轮弯弯的月亮镶嵌在东西伯利亚南缘。其面积约3.15万平方千米，居世界第八位。该湖平均水深730米，最深处1620米，总容积2.3万立方千米，占全球淡水湖总蓄水量的1/5，是全世界最深也是蓄水量最大的淡水湖。

贝加尔湖蕴藏着丰富的生物资源，是俄罗斯的主要渔场之一。湖内有1200多种动物和600多种植物，其数量和种类之多是世界其他湖泊无法比拟的。

尤其让科学家们兴奋异常的是生物的古老性。许多淡水生物在西伯利亚其他江河湖泊找不到踪迹，而在贝加尔湖却还存在。

贝加尔湖同样有让人们摸不着头脑的地方，那就是贝加尔湖是淡水湖，可是湖里却生活着数量众多的海洋生物。

↑太空中看到的贝加尔湖，好像一轮弯弯的月亮镶嵌在东西伯利亚南缘。

↑贝加尔湖鲟鱼

139

↑ 贝加尔湖特有的淡水海豹

在其湖底生长着1~15米高的丛林般的海锦，这在其他湖泊里是没有的，奇形怪状的龙虾就藏在这个"丛林"里。而一般鲟鱼都生活在沿海，贝加尔湖的鲟鱼却已经完全变成淡水鱼了。

贝加尔湖湖水一点儿也不咸，也就是说它与海洋不相通，但却生活着地地道道的海洋生物，如海豹、海螺、海鱼和龙虾。在贝加尔湖里生活着世界上唯一的淡水海豹。冬季时，海豹在冰中咬开洞口来呼吸，由于海豹一般是生活在海水中的，人们曾认为贝加尔湖有一条地下隧道与大西洋相连。实际上，海豹可能是在史前最后一次冰期中逆河而上，来到贝加尔湖的。又如贝加尔湖里长有热带的生物，像贝加尔湖藓虫类动物，其近亲生活在印度的湖泊里；贝加尔湖水蛭在我国南方淡水湖里才能见到；贝加尔湖蛤子，只生存在巴尔干半岛的奥赫里德湖。

湖畔辽阔的森林中还生活着黑貂、松鼠、马鹿、大驼鹿、麝等多种动物。湖上天气变幻莫测，一年四季潜伏着危机。夏天的浓雾能迫使船只突然停航。即使在风平浪静的日子，也可能随时刮起狂风，恶浪翻滚。据古老的传说，认为贝加尔湖是怒神的王国。

一年中，贝加尔湖面有5个月封冻水层约90厘米厚，冬季平均气温为 -20℃。但阳光却能透过冰层将热能输入湖水，形成"温室效应"，使冬季湖水接近夏天水温，有利于浮游生物繁殖，从而直接或间接地为其他各类水生物提供了食物，促进了水生物的发育成长。

美丽而又富饶的贝加尔湖，在世人心中一直有着神奇的色彩！

十一 艾尔湖的魔法

早期的欧洲拓荒者一直以为澳洲中部存在湖泊，甚至认为有浩瀚的内海。1839年，25岁的艾尔渴望自己能成为从南到北穿越澳洲的第一个欧洲人，于是便从阿德莱德出发，开始了他的第一次澳洲旅行。他克服重重困难，历尽千辛万苦，越过弗林德斯岭，来到盐湖区一个巨大马蹄形地带。他尝试了多种方法，最终还是无法通过，不得不折返。1840年，

↑将要干涸时的艾尔湖

艾尔开始了第二次尝试，终于到达了现在以他的姓氏命名的艾尔湖。当时湖水虽已干涸，但湖底的淤泥使他无法继续前行。直到1922年，哈里根从空中测绘了艾尔湖。

艾尔湖虽叫湖，但不是湖，而是澳洲干旱腹地的两片巨大洼地。每10年才有一次湖水，大部分时间全部干涸，并且盖满盐层，四周有一圈好像悬挂着白霜的矿物层。

艾尔湖湖底低于海平面16米，是澳洲最低的地方。其集水面积约9600平方千米。湖分两部分，北湖较大，南湖较小。两湖由15千米长的戈地亚渠连接，下雨时雨水从远处的山上流入干涸的河道。大部分的水渗入沙中或途中蒸发掉。只有雨下得足够大，才有可能有一部分水最终流到艾尔湖，流程长达1000千米。

每当艾尔湖注满水时，光秃秃的湖岸便会繁花似锦，长满雏菊和野蛇麻草等植物。鹈鹕和长脚鹬在湖边造窝繁殖，一片喧闹。

水源中断后，湖水在高温的灼烤下会很快蒸发，盐分逐渐增加，淡水鱼将无法逃生，只能死在咸水中。雏鸟要在湖干之前成长，学会飞行，一旦湖干，食物缺乏，成鸟就会离开，而羽毛未丰的幼鸟便只能听天由命。

最后，艾尔湖恢复原状，湖底淤泥上盖着一层硬硬的盐壳，到处一片荒凉，只有耐心地等待着下一个带来生机的雨季。

艾尔湖就这样周而复始地继续着它的辉煌与荒凉。

↓夕阳下的艾尔湖

一 南极暖水范达湖

↑范达湖是藏身于南极冰冻干谷区中的暖水湖。

范达湖位于南极赖干特谷。范达湖面积约 13.6 平方千米，湖面常年被三四米厚的冰层覆盖着，但冰层以下的湖水却终年不冻，而且随着深度加深，湖水温度迅速上升。这一奇特的现象是怎么形成的呢？

众所周知，南极地区是世界上最冷的地方，那里绝大部分地区都被 2000 多米厚的冰雪覆盖着。可是在这样一个冰天雪地的世界里，范达湖面却只有三四米厚的冰层。在冰下 60 米深处有一层盐分饱和了的盐水层，水温接近 25℃，比湖面冰层的平均温度高约 50℃，人们形象地把它比作南极的"暖水瓶"。这一现象又如何解释呢？

一般情况下，由于太阳辐射先到达湖水表面，湖水的温度是随着深度增加而降低的。而范达湖恰恰相反，随着深度的增加，湖水的温度却不断升高。于是人们对此湖做出了种种猜测：

1. 湖水可能是被从湖底涌出的温泉加热的；

2. 一股从地壳深处涌上来的岩浆流烤热了底部湖水；

3. 湖底在发生某种不可知的化学反应，这种化学反应释放出的热量将湖水加热。

苏联地质矿物学博士弗罗洛夫认为，范达湖里的温水可能是被太阳晒热的。范达湖面上由于强风袭击没有积雪，湖水非常清澈，看不到任何微生物群和悬浮分子，太阳短波辐射可以不受任何阻碍地透过清澈透明的冰和水，将湖底烤得如同湖四周的岩壁一样灼热。而从湖底反射的长波辐射，几乎全部被湖水所吸收，将湖水从下至上烤热。湖面的冰层能像棉被一样阻挡湖水热量的散逸，使底层湖水的热量也不会因对流而丧失。

又因为范达湖紧挨冰层的下面有一层淡水，再下面的水就变成咸水，而且含盐量随深度加大而增加，其湖底的湖水含盐度要比海水高出 10～15 倍。水的含盐量越高，密度越大，也越重。上层淡水即使是冷的，也比下面热的咸水轻，根本不会有热对流运动，所以下面的水永远是热的。

1973 年，美国、日本以及新西兰的有关组织发起了一项"干谷钻探计划"。钻探者打孔穿过范达湖的冰和水，一直钻进湖底取出岩心，发现湖底的水很暖，水下的岩层却很冷，这就否定了地热从下面加热湖水的说法。

在取出的岩心中，科学家们还找到了水生物的化石，表明这里曾是海洋峡湾的一部分，现在的咸水，可能就是那时候遗留下来的。

虽然现在还有很多疑问没有解开，但相信随着科学的进步，范达湖底的秘密终有一天会被解开的。

一 神奇的湖泊

地球上有许多湖泊，而其中有些湖泊非常神奇，下面让我们看看几个比较神奇的湖泊吧。

挖不完的盐湖

我国最大的盐湖是青海省柴达木盆地中部的察尔汗盐湖。这是一个面积为 5856 平方千米的盐湖，盐层有 5 ~ 6 米深，最深处达 10 多米。据有关人士估计，盐湖中的食盐储藏量可供我国人民食用 5000 多年。它的神奇之处在于，该湖的盐挖掘以后，新盐又会不断地从湖底冒出来。

↑察尔汗盐湖的盐花

会发光的湖

在北美洲巴哈马联邦的大巴哈马岛上，有一个会发光的湖。每当夜晚驾船划桨时，船桨会激起万点"火光"，船的周围也会溅起点点"火花"，船尾则拖着一条"火龙"，远远望去，一片星火，奇趣盎然。科学家对此作出解释是：那些都不是真正的火，而是湖中大量繁殖着的甲藻的作用。甲藻含有荧光酵素，当船只在水中行驶、划桨搅动时，荧光酵素就会发生氧化作用，从而产生"火花"，使湖看起来好像在发光一样。

↑盐的海洋

沸湖

在加勒比海的多米尼加岛上，有一个长 90 米、宽 60 米的小湖，坐落在火山区的山谷中。它是一个神奇的"沸湖"，在湖水满时，从湖底喷上来的水汽高达 2 米。整个湖面热气腾腾，湖水翻滚，好像一锅煮沸了的开水，"沸湖"的名称就由此而来。此湖水温度很高，可达 100℃，甚至有一些来此观光旅游者将生的食物投入湖中，一会便"煮熟"了。地质学家认为，"沸湖"曾是一个巨大的间歇喷泉。

↑壮观的沸湖

墨水湖

在非洲阿尔及利亚的阿必斯城附近，有一个天然的墨水湖。这个奇特的小湖的湖水跟我们平常使用的墨水一样，用湖水写在纸上的字迹很清晰。当地的居民要用墨水，只需拿个瓶子到湖里去装就行了。经科学家化验分析，原来，在汇聚到这个湖的两条小河中，有一条小河的水中含有大量的铁盐化合物，另一条小河里含有大量的腐殖质，当两条小河水汇合时，便发生了化学变化，从而形成天然的墨水湖。

↑名副其实的"呼风唤雨湖"，它之所以如此神奇，其实和声波有关。

时隐时现的湖

在澳大利亚首都堪培拉与沿海大城市悉尼之间，有一个神奇的大湖，名叫乔治湖。这个湖的神奇之处是，它每隔一段时间就会消失，过些时候又会重新出现，所以又被称为"时隐时现的湖"。这种消失和出现是有周期性的。尽管科学家们对这一奇怪的自然现象进行了多年的研究，但至今仍未找出令人信服的答案。

鱼不去湖

在俄罗斯的库兹涅茨克地区，有一个奇特的湖，湖里没有一条鱼，也正是因为这样，被人们称之为"空湖"，也叫"鱼不去湖"。而从其他湖里游来的鱼，当游到这个湖的入口处时，便掉头匆忙往回游，不愿游进去。人们曾多次试验将鲈鱼、鲫鱼放进湖里，却没有一条能够存活下来。许多人认为湖水有毒，可是几经化验，未发现任何有毒物质。无毒而又无鱼的奥秘，至今仍未能解开。

能呼风唤雨的湖

在我国云南省高黎贡山原始森林中，有这样一个林间小湖，湖深1.5米，终年不涸，水色墨绿。平常湖面铁一般死静，而且就算是大风刮起，湖水依然纹丝不动。然而，只要湖畔有人大声说话，本来晴朗明亮的湖面上空立刻就会变得乌云密布，甚至立即下起雨来。说话声音越高，雨就落得越大；说话声音越长，雨也下得越长。如果说话停止，雨也就立即停止，真称得上是"能呼风唤雨的湖"。

死湖

在意大利的西西里岛上，有一个名副其实的死湖。不仅湖里没有任何生物存在，而且在湖的岸边也是寸草不生。这主要是由于这个湖的湖底有两个奇怪的泉眼，日夜不停地向湖中央喷射出腐蚀性很强的酸性泉水。所以人或动物偶然失足掉进湖中，就会立刻死亡。

奇异的三色湖

↓三色湖中的"白湖"

印度尼西亚弗洛勒斯岛上的克利穆图火山山巅，有一个奇异的三色湖，它是由三种不同颜色的火山湖所组成。它们彼此相邻，湖水颜色各异。其中较大的一个火山湖，湖水呈鲜红色，红似鲜花。与其相邻的一个火山湖，湖水呈乳白色，白如牛奶。另一个湖的湖水呈浅蓝色，蓝如长空，山景水色相映成趣，美丽无比。每当中午时分，三色湖湖面上轻雾缭绕，格外迷人。到下午，整个湖面都是乌云密布，阴沉可怕。据记载，三色湖是由很久以前克利穆图火山爆发形成的。

会变色的湖

在澳大利亚南部，有一个会变色的湖。一年中，它会变出灰、蓝、黑3种不同的颜色。海洋地质学家认为，这主要是由于这个湖含有大量碳化钙的缘故。夏季温度升高，碳化钙结晶体便慢慢由湖底升起，使黑色的湖水变为灰色。秋天时，碳化钙结晶体几乎全部浮在湖面，由于光的折射原理把蔚蓝色的天空映到湖中，因而使湖水由灰色变成蓝色。而冬季气温低，碳化钙沉于湖底，并凝结成晶体，故湖水呈黑色。

地下湖

1986年年底，南非科学家在纳米比亚以北地区发现了一个地下湖。经科学家探险、勘察，这个世界上最大的地下湖的湖水来自地底下一个小裂缝。湖水清澈温暖，还有一个布满石笋的小滩。潜水员潜至水深60米处仍未见底，还在湖中找到了一种在其他地方尚未发现过的纯白色盲鱼，身长约1.8米。

不沉湖

在地中海的占依岛上，有一个"不沉湖"。湖水五光十色，终年散发出浓烈的火药味。此湖似乎有一种神奇的魔力，1千克左右重的石块投入水中，不会沉入湖底，而是浮在水面上，随水漂浮，仿佛轻如纸屑，令人惊奇不已。更有趣的是，在不沉湖里游泳，即使不会游泳的人也绝对不会淹死。

据科学家们分析，不沉湖的水里含有某种矿物质，这种水的比重很大，因此人不会沉没。科学家们还发现，用这种水洗澡，能使皮肤变黑发光，具有较好的医疗作用。

罗布泊漂移之争

← 俄国探险家普热瓦利斯基塑像

罗布泊，"酷热、干旱、风沙、雅丹（陡崖）盐壳"的代名词，一个蜚声海内外的名字，它和失踪了的楼兰古城一样，是位于新疆塔里木盆地东部，一个充满神秘氛围的地方。近百年来，有关罗布泊是否漂移的争论，在地质学界一直没有达成共识。也正因为如此，罗布泊一直吸引着地质学家去探索它内在的奥秘。

对于探险家来说，哪里最危险，哪里便是他们的目标。被称为"死亡之路"的罗布泊同样吸引着无数人的目光，有很大一部分人曾试图冲破层层阻碍穿越大沙漠，完成对罗布泊的考察，然而成功的人少之又少。就是仅有的几次成功的考察，也因为其所见所闻各不相同，而在某些问题的看法上存在差别。首当其冲的问题便是关于罗布泊确切位置的问题。

最先提起罗布泊是游移湖争论的，是俄国探险家普热瓦利斯基。他曾于1876年到罗布泊考察，他见到的湖泊是一片淡水湖、芦苇丛生的大沼泽地，聚集着成千上万的鸟类。而且他发现罗布泊位于塔里木河口的喀拉和顺境内，比中国地图所记的位置还要往南大约有1纬度。

普热瓦利斯基的观点发表后，在国际地质学界引起了轩然大波。普热瓦利斯基的观点受到了德国地理学家李希霍芬的坚决反对，他认为普热瓦利斯基所考察的并非是中国清朝地图上的罗布泊，真正的罗布泊还在普氏考察的北部。

后来，英国的斯坦因、瑞典的斯文·赫定等先后到罗布泊地区考察，认为争论的双方都没错，只不过是罗布泊游移到喀拉和顺去了。从此，也就诞生了罗布泊是游移湖的说法。

↓ 罗布泊的雅丹地貌——楼兰古城遗址

斯文·赫定还推测了罗布泊游移的原因。他认为，是由于进入湖中的河水（塔里木河）挟带大量泥沙沉积在湖盆，在经过一段时期后，湖底被抬高，最终导致湖水朝较低的方向流去。一段时间后，被泥沙抬高露出湖底的那部分在遭受风的吹蚀后高度降低，这时湖水再流回来，罗布泊就好像钟摆一样，南北游移不定。

1923年，普热瓦利斯基和斯文·赫定所发现的罗布泊突然消失，昔日的湖区变成了沙漠，飞禽走了、走兽散了、植物枯死了，那些靠打鱼为生的渔民和居民也相继离开了他们的居住地，迁往他处。原来，罗布泊又戏剧性地回到了它以前呆过的地方，即古代地图上所标的位置。

1930—1931年，瑞典、中国勘察队来到中国地图所标的罗布泊，发现那里水面面积大约有2000平方千米。

1945年，罗布泊水面又扩展为3000平方千米。1950年，中国科学院新疆综合考察队在罗布泊北岸考察时，还见到烟波浩渺、水鸟成群的情景。但到1964年时，罗布泊开始干涸。1973年，从美国大地卫星对该地区拍摄的照片看，罗布泊已完全干涸。

我国地质学工作者认为，造成罗布泊干涸的原因并非是罗布泊游移它处，而是人类自身破坏的结果，即在河流上游的农垦，引水灌溉，造成了罗布泊水源枯竭。

←瑞典探险家斯文·赫定

1980年，为了对罗布泊有一个更全面、更客观的了解，中国科学考察队又两度穿越罗布泊，对那里的地貌和古水系做了详细的考察。考察队队长在考察报告中写道：罗布泊最低处为海拔778米，喀拉和顺最低处为海拔788米，相差10米，不可能发生罗布泊倒流喀拉和顺的现象。塔里木河和孔雀河下游湖口处，河流挟泥沙较少，短时期内不会产生大量泥沙堆积，抬高湖底地形，而使水往较低地方流去。另外，干涸的湖底物质皆为坚硬的盐壳，用钢锤都很难敲碎，因此，不易产生风的吹蚀作用，而使湖底重新降低。由此，中国考察队认为罗布泊是游移湖的说法不科学。

由此看来，要真正揭开罗布泊的奥秘，还需要很长一段时间。

↑罗布泊沙漠大峡谷

→干旱的罗布泊湖盆

一 人类的禁区：
纳米比亚 "骷髅海岸"

↑ 有船只残骸搁浅的纳米比亚神秘海岸

在古老的非洲纳米比亚沙漠和大西洋冷水域之间，有一片白色的沙漠。葡萄牙海员把纳米比亚这条绵延的海岸线称为"地狱海岸"，现在叫做"骷髅海岸"。这条500千米长的海岸备受烈日煎熬，显得那么荒凉，却又异常美丽。这是世界上最危险的海岸线，在这条海岸线上杂乱无章地散落着失事船只的残骸。

从空中往下看，"骷髅海岸"是一大片褶痕斑驳的金色沙丘，是从大西洋向东北延伸到内陆的沙砂平原。沙丘之间闪闪发光的蜃景从沙漠岩石间升起。围绕着这些蜃景的是不断流动的沙丘，在风中发出隆隆的呼啸声，交织成一首奇特的交响乐。

"骷髅海岸"沿岸充满了危险，不仅有8级大风和交错的水流，还有令人毛骨悚然的雾海和深海里参差不齐的暗礁，这使得来往的船只经常失事。传说中，有许多失事船只的幸存者跌跌撞撞地爬上了岸，他们很庆幸自己还活着，但是后来又被风沙折磨至死。1933年，一位瑞士飞行员诺尔从开普敦飞往伦敦时，飞机失事，坠落在这个海岸附近。有一位记者称诺尔的骸骨终有一天会在"骷髅海岸"找到，这使得"骷髅海岸"从此得名，诺尔的遗体却一直没有被发现。

1943年，在这个海岸的沙滩上发现了12具没有头的骸骨横卧在一起，附近还有一具儿童的骸骨。不远处有一块石板，上面写有这样一段话：我正向北走，前往30千米外的一条河边。如有人看到这段话，照我说的方向走，神会帮助他的。据鉴定，这段话写于1860年。至今也没有人知道遇难者是谁，也不知道他们是怎样遭劫而暴尸的，而且为什么都是无头尸骸。

在海岸沙丘的远处，7亿年来由于风的作用，把岩石刻蚀得奇形怪状，犹如妖怪幽灵，从荒凉的地面显现出来。

在南部，连绵不断的内陆山脉是河流的发源地。但这些河流往往还未进入大海就已经干涸了。还有一些河，只有河水流量大时才能流归大海。例如流过黏土峭壁狭谷的霍阿鲁西布干河，当内陆降下倾盆大雨的时候，雨水使这条河变成滔滔急流，才有机会流入大海。

虽然河流干涸了，但是河床的地下水滋养了许多种类的动植物，因此，科学家称这些干涸的河床为"狭长的绿洲"。

地球陆地的最低处：死海

　　马里亚纳海沟是地球上的最低点，而死海是地球陆地的最低处。死海水面上盐柱林立，有些地方则漂浮着盐块，好像破碎的冰山。在死海的海水中几乎没有生物。

　　死海位于约旦同巴勒斯坦之间的西亚裂谷中，其湖面低于地中海海面415米，平均深300米，最深达395米。死海的西部为干燥不毛的犹地亚丘陵，东部和《圣经》中所记载的摩押与以东两地相临，沿谷底伸展约80千米，最宽处达17.7千米。

　　埃尔利垒半岛（舌头半岛）伸入死海之中，将其分为两部分。北半部较大较深，南半部平均只有6米深，矗立着白色的盐柱。盐柱是300多万年前开始形成的沉淀层的顶部。来自约旦河及一些小河的河水在夏天50℃的气温下很快蒸发，留下泥土、沙石、盐和石膏等沉淀于海底。在多雨的冬季，每天有650万立方米以上的雨水流入死海。

　　如果海水不蒸发，水面每年将上升大约3米。但从20世纪初以来，由于约旦河及其他河流抽水灌溉，再加上气候改变，使注入死海的水量减少，使得水面下降。

　　由于死海的含盐量比海水高了6倍，使得死海几乎没有动、植物，只有少数单细胞生物可在其中生存。死海的海水不断被蒸发，使得死海的水面往往被浓雾所笼罩。

　　死海除了盐度高之外，还有丰富的钾、镁、镍等矿物质。据说这些矿物质能够用于各种疾病的治疗，尤其对关节炎、皮肤病、呼吸道疾病具有显著的疗效。死海中的黑色淤泥据说能够使人的皮肤变得细嫩。死海地区的雨量较少，河流寥寥可数，偶尔有暴雨，就会形成急流，把岩石表面的沉积物冲入死海中。

　　死海虽然面积不大而且没有生物，但是在历史上却起过很重要的作用。在西岸雄峙着的玛萨达城堡，最初由麦克比阿斯建造，后来犹太国王希律又加以扩建，登上它就可以俯瞰死海。因此，希律曾以之作为防卫要塞。

　　死海是地球陆地上的最低点，它也是东非大裂谷的延续，有人说，死海在50年后就会干涸，这会是真的吗？

↑ 死海——地球的肚脐

↓死海上盐柱林立，有的地方漂浮着盐块。

一 最不寻常的红海

↑红海的卫星拍摄图

↑红海中的精灵

红海，这个被称为"地球上最不寻常的大片水域"为什么取这样一个名字，没有人知道。据说，是因为那里的海藻生长旺盛，把平常淡蓝的海水染成不折不扣的红棕色，因而得名。其实，更有诗情的解释是，大漠上太阳西下，波平如镜的海面倒映出泛着红光的山峦。

红海是年轻的海。大约 2000 万年前，阿拉伯半岛与非洲分开，于是诞生了红海。现在还可以看出，两岸的形状很相似，这是证明大陆被撕开而留下的痕迹。红海在不断加宽，将来可能成为新的大洋。

红海下的地壳运动使红海的东西海岸线翘起分开，使得两岸河水不再流入红海。由于分离板块沿线的火山活动增多，导致水温上升至 50℃ 以上，这是地球表面最高的温度。另外，红海也比其他海洋要咸，它的含盐量达到 41‰。

大约在 2500 万年前，进入印度洋的通道仍没有完全打开，流入尚在形成的红海的水不断蒸发，结果形成辽阔的盐床。新近地壳隆起，搅乱了这些盐床，盐溶解在整个红海中。在热带阳光的强烈照射下，海水迅速蒸发，又增加了盐的浓度。每年热带沙漠降雨量仅约 25 厘米，再加上没有河水流入红海，使得红海每年都要因此而损失相当一部分的水。如果不是印度洋通过曼德海峡向红海补充水，最终红海会变得完全干涸。

每逢隆冬，海平面就会降到最低点，上层的珊瑚礁会逐渐死亡。

在一些温度特别高、盐度特别浓的深溶蚀坑，矿物质含量极高。科学家发现了 15 个这样的"深潭"，其重金属浓度竟为普通海水中的 3 万倍。据估计，在海底上层 9 米的沉积土中，所含的锰、铁、铜和锌的总值为 20 亿美元，这可能是红海最巨大的财富。

目前，红海最丰富的宝藏是其蕴含的海洋生物。由于红海海水较暖，世界上最壮观的珊瑚礁在海岸边的狭长地带聚集着。它们最初形成于 6000—7000 年前，其中许多通常仅在往南 2500 千米的赤道海域生存。在拥挤的礁区，虽然有的地方仅仅有 3 米宽，但是生长着的珊瑚居然有 20 多种。这个礁区是上千种鱼栖息的家园。

一十 令人不解的地中海

地中海位于副热带控制的干旱地区，这里气温高，气候干燥，降雨量也少。据统计，地中海的年蒸发量超过了地球上江河径流量和年降水量之和，因此有人推断说：如果大西洋的海水不流入地中海，不到1000年的时间地中海就会干涸，重新变成一个干透了的深坑。

海洋地质学家认为，在约2000万年前，地中海与大西洋、印度洋和太平洋是相沟通的。它们之间通过广阔的水道来进行海水交通。而到了700万—800万年前，这一地区发生了造山运动，使得欧洲、非洲与亚洲之间的结构发生变化，地中海发生崩裂，崩裂的地壳使被割裂出去的海盆变成了沙漠。虽然法国的罗讷河、埃及的尼罗河不断有淡水注入地中海，但由于蒸发快，一滴水都难以存储下来。

此外，一直流入地中海的尼罗河和罗讷河也提供了这方面的证据。根据地震剖面资料和钻探资料分析，覆盖在罗讷河谷上的现代沉积物，要比后来覆盖上的沉积物深915米。地中海蒸发量超过了江河径流量与降水量之和，这使得它表层海水的盐度要比大西洋海水的盐度高得多，这些高浓度的盐水从直布罗陀海峡流出，进入大西洋后，下沉到约千米深的平衡水层。大西洋海水又从表层流入地中海，来补偿从地中海流出的表层水。

大西洋流入地中海的海水经过蒸发、冷却，又沉入地中海的深层，就这样循环不息，维持着自身的平衡。虽然地中海和大西洋之间也进行水交换，但是它们之间的海槛太浅，这使得地中海成为最缺乏营养盐类的大型水域。

地中海真有一天会消失吗？如果地中海真的消失了，它周围的地理环境和气候会变成什么样子呢？从地质结构来看，地中海海底的盐丘被认为是曾经干涸的证据。然而，也有人不同意这种看法，认为它是地中海中固有的，可是那些深厚的盐层又是从何而来呢？

从气候角度看，陆地上的气候多受海洋热能量输送的制约，海洋贮热量大，使它成为决定一个地区气候变化的重要因素。可是为什么在地中海地区这种影响不明显呢？这使得科学家在今后要研究地中海的盐交换机制、气候影响海水交换机制、海气热交换机制等是怎样进行的将有很大困难。

一 富饶的"石油湖"马拉开波

↑ 朝着加勒比海开口的"钱袋"——马拉开波湖

↑ 马拉开波湖上巨大的石油开采平台

↑ 马拉开波湖的水上人家

马拉开波湖位于委内瑞拉西北部沿海马拉开波低地的中心，是南美洲最大的湖泊。

马拉开波湖北端以长 35 千米、宽 3~12 千米的水道与委内瑞拉湾相通。马拉开波低地系安第斯山北段一断层陷落盆地，东科迪勒拉山脉向北支脉——佩里哈山脉和梅里达山脉分列低地两侧，其最低部分聚水成湖，属构造湖。

马拉开波湖内宽口窄，南北长 190 千米，东西宽 120 千米，湖岸线长约 1000 千米。面积 1.33 万平方千米。北浅南深，最深达 34 米，容积 2.8 亿立方米。含盐度 15‰~38‰，北部微咸，南部湖水盐分被源自安第斯山脉的圣安娜、卡塔通博、查马、埃斯卡兰蒂等数十条河流注入的水所冲淡。南岸多沼泽和泻湖。除北部委内瑞拉湾沿岸气候干热，年降水量不足 500 毫米外，湖区大部分高温多雨，年平均气温 28℃，年降水量 1500 毫米以上，为南美洲最湿热的地区之一。

朝向加勒比海开口的钱袋

马拉开波湖为世界上最富饶、最集中的产油区之一，有"石油湖"之称，宽广的湖面上采油站、井架、"磕头机"比比皆是，整个湖区有 7000 多口油井，年产 7000 多万吨原油。油田集中于东北岸，并向湖底延伸，含油气面积达 1300 平方千米，多为高产大油田；其次是西北岸。产油层主要是第三纪砂岩和白垩纪石灰岩。

自 1917 年打出第一口生产油井，1922 年起大规模开采，如今委内瑞拉已成为世界重要的石油生产国和输出国之一。目前，这里的原油产量占委内瑞拉总产量的 75%。石油工业的迅速发展，使马拉开波地区的面貌

发生了巨大的变化。到处井架林立，油管纵横。

位于马拉开波湖西北部的马拉开波市是委内瑞拉第二大城市和港口，新兴的石油城、苏利亚州州府。马拉开波市原为出口咖啡和农牧产品的小型港口，1918 年因马拉开波湖发现大量石油而飞速发展，10 年内成为著名的石油城，湖区原油产量最高时占全国总产量 2 / 3。除石油化工业外，马拉开波市还有建筑、食品、石化、纤维、烟草、造船、水泥等工业。

↑水鸟们悠闲地栖息在输油管上。

朝向加勒比海开口的"钱袋"

马拉开波湖的渔业资源也十分丰富，除出产大量鱼虾外，现在湖边的许多地方也搞起了水产养殖。湖岸四周是大片肥沃的牧场，是委内瑞拉全国最重要的畜牧业基地，这里出产的牛奶和奶酪占全国的 70% 份额。

马拉开波湖的南岸为委内瑞拉重要的农业区之一，主要生产香蕉、花生、甘蔗等作物，湖畔农场生产可可、椰子，出口咖啡。西岸乳牛业非常发达。

当地人这样比喻，马拉开波湖的形状就像是个朝加勒比海开口的钱袋，湖口的乌尔塔内塔将军大桥是扎着袋口的绳子，湖底和四周埋藏的全是石油。

壮丽的马拉开波大桥

1962 年建成的马拉开波大桥是世界上最早的混凝土斜拉桥，主桥 5 孔，跨径为 235 米，全桥长 8.6 千米。壮观雄伟的马拉开波大桥不仅是连接湖两岸的交通枢纽，也是湖区一景，当地人的骄傲。为纪念独立战争时期的英雄乌尔塔内塔将军，人们把这座大桥用他的名字来命名。

↓落日余晖下雄伟的乌尔塔内塔将军桥

第5章

高山戈壁

"在可可西里，你踩下的每一个脚印，有可能是地球诞生以来人类留下的第一个脚印。"这是电影《可可西里》对可可西里神秘而恶劣的自然环境的描述。

"酒泉西望玉门道，千山万水皆白草。"这是唐代诗人岑参对戈壁滩中肃杀和枯衰景象的描写。大自然中这些渺无人烟、萧条荒凉的神秘地带，怎么能不勾起我们的好奇心呢？

一 雄伟的喜马拉雅山脉

喜马拉雅山脉耸立于中国、印度、巴基斯坦、尼泊尔和不丹边境线上。西藏佛教徒称喜马拉雅山最高峰为"珠穆朗玛"，意即"世界的圣母"；尼泊尔、印度教徒称之为"萨加玛塔"，意思是海洋上面的极巅。这两个名称都表达了当地民众对这座山的敬仰与热爱之情。

几千年来，曾有许多民族生活在喜马拉雅山的圣母峰及其姊妹峰下。在古梵文中，喜马拉雅的意思是"雪的住所"。该地区的神话、宗教、文学、政治及经济都深受这条山脉的影响。旅行家、科学家、探险家以及登山家，都对喜马拉雅山悠然神往。

这条山脉为什么会在这里？在此山脉以前这里是什么？山脉的年龄有多大？是什么庞大的力量造成的？为什么这样高？这些问题长期以来一直困扰着人们。

这条足以把欧洲的阿尔卑斯山整个团团围住的庞大的弧形大山脉，各山峰的平均高度超过 5700 米。亲身到过喜马拉雅山脉游历研究的地质学家都觉得要找出造成这条山脉的详细过程实非易事。但地质学家都承认，从阿尔卑斯山脉到东南亚各大山脉的亚欧大陆山系，包括喜马拉雅山脉，都是在过去 6500 万年间达到最高点的一种力量所造成。这条山系的各山脉，都是地壳强烈隆起的产物。地壳隆起时把一个古代深海海沟里极厚的沉积岩推出海面，地质学家称这个海沟为"古地中海"。

是什么原始力量能够产生这种庞大的隆起呢？地质学家现在大都认为，力量来自大陆漂移。这是多年前德国地质学家韦格纳提出的概念。

据估计，大约在 1.8 亿年前，整个亚欧大陆边缘南临古地中海海沟。古代南方的超

↑喜马拉雅山脚下的村庄

↑卫星拍摄的喜马拉雅山脉

↑喜马拉雅远古海生物化石

↓雄伟的喜马拉雅山脉一隅

级大陆"冈瓦纳大陆"裂开之后，几个板块部分开始运动。印度次大陆从非洲南部分裂出来后，在随后的1亿年间向北撞去。古地中海海沟受到南面的印度大陆和北面的亚欧大陆两面挤压，好像一把大钳子把它越夹越紧。无情的力量继续增强，挤压力也随之增大。压皱了的沉积岩被迫从海底上升，填平了以前的海道。

在印度板块与亚欧板块碰撞的过程中，印度板块的撞击力极大，因为亚欧板块的阻碍，印度板块于是向下楔入，以更大的力量陷入古地中海海沟。古地中海的海底被陷入的印度板块推起，浅水部分逐渐露出地表。大约经过了3500万年的地壳运动过程，古地中海的一部分成为青藏高原。高原南部边缘的山脉成为该地区的第一条主要分水岭。山脉高得足以构成"气候障壁"，使越来越大的雨降落在越来越陡峭的南山坡。各大河流因上游水力增加，沿着旧断裂线和褶皱结构冲蚀地面，与流下高原的溪流汇合在一起，奠定了今天河流水系的雏形。

1950年，瑞士地质学家海根曾到尼泊尔测量过。他相信喜马拉雅山脉庞大的结晶岩石主脉不断升高，是由于印度板块继续挤压，逼迫此核心区的岩石向上冒升。其他地质学家认为，结晶岩石山峰惊人上升是地球不停走向"地壳均衡"的反应，如果地壳某处下降，另一处就会上升。苏黎世大学的甘瑟认为，最高山峰出现于最深的恒河冲积对面，就是"地壳均衡"所导致的。

喜马拉雅山脉还在增长吗？

我们不敢断言，因为测量技术还不能做那么精确的测度。但我们确知地壳仍在移动中，从未休止。喜马拉雅山脉地区及堪河盆地的剧烈地震就可证明深处的地壳活动。

这也只是地质学家通过目前的资料所得出的一些结论，至于喜马拉雅山留给世人的谜，还有待于进一步探索。

柔美多姿的富士山

在日本被称为"别无他山堪与匹敌"的富士山，它那完全对称的形状在日本人心中一直是完美的象征。这座日本最高的山峰在烈火中诞生，其动人的美态被人比作鲜花。富士山不仅是天然奇景，也是个圣地，世世代代吸引了无数的游人前来朝圣。

富士山高 3776 米，其巍峨之姿不仅是日本名胜，在以往的 12 个世纪中给不少诗人和画家带来艺术灵感，而且成为日本的象征。观赏富士山，四季皆宜，昼夜均可。

据说春天攀登白雪皑皑的峰顶，观赏山下怒放的樱花，那种感受远远超过观赏富士山的其他美景。在富士山顶观赏日出最令人激动。

↑富士山上空漂亮的云层

太阳即将升至地平线上的一瞬间，在阳光反射下，大气层涂上一抹缤纷色彩，待太阳升起后便消失了。富士山顶一年中有 10 个月是积雪的。夏季的 2 个月中，山坡上仍有片片积雪，只有火山口边缘高耸的岩石不积白雪。

此外，富士山在日本神道教中有着特殊地位，对佛教徒亦有重大含义，他们认为海拔 2500 米处的绕山小径就是通往另一个世界的通道。

富士山吸引日本人和外国游客的是它四季变幻的风景和其内涵之美。美国作家希恩曾说富士山是"日本最美的景色"；日本著名画家葛饰北斋曾经画了很多富士山的风景画；日本诗人厩所赞美富士山一年四季气派不凡："膏岳虽隐于冬雨寒雾中，但仍显喜悦之情。"

日本土著虾夷人（至今仍居于北海道）视富士山如神明，并以他们的火女神之名"富士"为此山命名。日本人对富士山一向崇敬，所以一直沿用这个土著名字。

按照神道教的信仰，万物都有神灵，而山岳更是特别神圣。富士山是日本最高最美的山，所以特别受人尊崇，很多人视之为众神之乡，是神秘上苍与现实尘世之间的维系象征。

富士山的山坡倾斜45°，近地面时坡度减小，趋于平缓，山周长达126千米。北麓有排成弧形的5个湖，这些湖也起源于火山活动。春天，这一带果树和杜鹃花盛开，艳丽非凡。秋天，湖畔部分的原始森林显出火红秋色，继而转为深浅不一的褐色。从这几个湖观看富士山，如镜的湖面，映出富士山的对称形状，风景极佳。

日本佛教里有一种传说：在公元前286年的一天，当时地面裂开，形成了日本最大的巴瓦湖，富士山则是由湖底的泥土堆积而成。其实传说并非全无根据，因为整个日本群岛在地质构造上大小断层纵横交错，在这些断层上有很多山脉和湖泊。富士山就是这些断层上的一个火山堆。

富士山的起源可以追溯至30万年前。在今富士山周围环绕的广阔平原上一直都有很强烈的火山活动。在30万年前曾经爆发过一次，把地球内的熔岩喷射出来。岩浆从多个火山堆涌出泻下，凝固了的熔岩与由火山渣、火山灰和熔岩构成的砾石层层相叠，塑造了今日所见的富士山。

↑日本著名画家葛饰北斋最著名的版画"富岳三十六景"，费时七八年之久才得以完成，全部用"富岳山背"取景。

这些岩层显示出火山爆发的先后次序，首先大量熔岩均匀流遍整个山坡，跟着一团团火山渣、火山灰和熔岩块在猛烈的爆炸中射上半空，之后掉下来覆盖了整个山坡。

据有关记载，富士山的第一次爆发是在公元800年，而最近的一次爆发是在1707年（富士山并非死火山，只是目前处于休眠期），当时100千米外的江户（即今日的东京）上空都被笼罩了一层厚厚的火山灰。

既然传说富士山形成于一夜之间，那么也有可能会在一团突如其来的火球中灰飞烟灭。因而人们对此美景倍加珍惜。

一 银装素裹的阿拉特山

阿拉特山位于土耳其东部，耸峙在阿拉斯河旁的平原上，与周围尘土覆盖、丘陵起伏的荒野形成强烈对比。阿拉特山峰顶终年白雪皑皑，耀眼夺目，像只冲天欲飞的银喙大鸟，姿态高贵动人。

阿拉特山由2个山峰组成，它们分别是：海拔约5000米的大阿拉特山（土耳其的最高峰）和海拔3896米的小阿拉特山。两峰相隔11千米，由一道嶙峋的山脊连接。

由于攀登阿拉特山极为困难，会遇到各种艰难险阻，如浓雾、雪崩、大石滚落、天气骤变等，直到19世纪仍未有人登临过那座高耸的山峰。

在阿拉特山海拔1500~3500米之间，山坡上郁郁葱葱，库尔德农人到草坡上牧羊而以此处为家的动物并不多。在阿拉特山山坡的较高处和较低处则只有寥寥无几的数棵桦树，因为尽管雪线就在海拔4420米处，但山上很难找到水源，这也是阿拉特山上动物比较稀少的原因。

阿拉特山的神秘名声源自《圣经》。为了惩罚堕落的人类，上帝制造了一次史无前例的大洪灾，只有善良的诺亚得到上帝指点，制造了一条巨大方舟，方舟内留下诺亚一家、每种禽畜各留雌雄一对。洪水退去，诺亚一家以及禽畜才走出方舟。方舟就停在了阿拉特山山顶。

凡是见过阿拉特山壮丽景色的人都会为其着迷。法国作家莫里哀曾这样描述阿拉特山："这座山的各部分都臻至完美之境，每件事物都配合得天衣无缝。"

↑阿拉特山附近的土耳其地域有很浓郁的宗教氛围。

↑《圣经》中"诺亚方舟"的故事

↑白雪皑皑的雪山顶为阿拉特山的夏季增添了异样的色彩。

奇秀圣地庐山

↑流光溢彩的庐山日出、云瀑。

以"匡庐奇秀甲天下"著称的庐山位于中国江西省北部，鄱阳湖、长江之滨，共有99峰，主峰汉阳峰海拔1474米，险峻与秀丽刚柔相济，素以"雄、奇、险、秀"闻名于世。相传西周时，好道术的匡俗上山建草庐修仙，故称庐山。

庐山，千百年来就是一座令人神往的名山，"匡庐奇秀甲天下"之说也并非过誉。因为这里无论石、水、树、云、峭，无一处不是绝佳的风景。"不识庐山真面目，只缘身在此山中。"到过庐山的人，都会为它那云雾变幻不定而不解。有时只见山壑间飘来阵阵薄雾，峰峦被云雾所笼罩，使人看不清庐山真面目，然而顷刻间，云消雾散，呈现出一片秀丽的景色。一年之中，差不多有190天是雾天。大雾茫茫，云烟飞渡，给庐山平添了不少神秘色彩。

凡到庐山者，必游香炉峰，因为香炉瀑布"银河倒挂"，着实迷人。当年，李白看见香炉瀑布后，万分赞叹，留下了千古不朽的诗句："日照香炉生紫烟，遥看瀑布挂前川。飞流直下三千尺，疑是银河落九天。"香炉瀑布飞泻轰鸣之美，至今令到此观光的游者大为倾倒。

庐山有着悠久的历史和丰厚的文化，是宗教和教育史上的一座名山，它集佛

↓云雾奇景——锦绣谷

教、道教、基督教、天主教、伊斯兰教文化于一山。东汉时山上的寺院多至380余处。从东晋到北宋的800余年是佛教在庐山十分兴盛的时期。被后人推为东方佛教净土宗始祖的东晋高僧慧远大师曾在此创建了东林寺，以后庐山便被尊为佛教净土宗的发源地。

自东晋以来，庐山便成为文化学术圣地。在中国教育史上享有盛誉的白鹿洞书院为我国古代四大书院之一。南唐昇元年间（公元937—942年），庐山白鹿洞被建为"庐山国学"。至北宋初，扩大为白鹿洞书院，同时与嵩阳、石鼓、岳麓并名为宋初四大书院。后白鹿洞书院经南宋理学家朱熹重修，更是声名大震。明清以来，庐山也一直是全国性的文化学术集中地，学者名流，络绎不绝。古往今来，许多诗人墨客、文人学士都曾来过庐山。

庐山"有没有出现过冰川"的问题一直在我国地质界存在争议。1931年，李四光教授带领北大学生到庐山实习，发现那儿的一些第四纪沉积物若不用冰川作用的结果来解释，将很难理解。以后的几次考察，从不同角度再次研究了这些现象，确信是冰川作用的结果。当时，国际地质学界有一种流行的观点，认为第三纪以来，中国气候过于干燥，缺乏足够的降水量，形成不了冰川。因此，李四光提出庐山存在冰川的观点，并没得到地质界的一致承认。1935年，前中央研究院组成两个考察队，分别对长江流域和珠江流域的新生代地层进行考察，考察结果也否定了庐山曾有过冰川。

经过多次调查研究，李四光对庐山的第四纪冰川的认识又迈进了一步，于是著成《冰期之庐山》一书，书中总结了庐山的冰川遗迹，进一步肯定了庐山的冰川地形和冰碛泥砾，描述了在玉屏峰以南所发现的纹泥和白石嘴附近的羊背石。这本书专门写了"冰碛物释疑"一章，对反对论者所提出的观点进行了分析与反驳。不过，庐山到底有没有存在过第四纪冰川，至今仍需进一步考证。

↑闻名遐迩的白鹿洞书院，大门的横额题字是明代正德年间文学家李梦阳所书。

↑独对亭，原为北宋元祐年间丞相李万卷校书处，故又名勘书台。淳熙八年朱熹兴复白鹿洞书院时，建亭于此，名接官亭。

↑书院内最珍贵的三块碑石，为王守仁书。

神秘的可可西里

↑神秘的可可西里地处青藏高原腹地，地势高亢。

↑在可可西里无人区中，风雪在夕阳下横扫火山山谷。

可可西里蒙语意为"美丽的少女"（一说为"青色的山梁"，因发音不同而异），藏语称该地区为"阿钦公加"。可可西里位于青藏高原西北部，夹在唐古拉山和昆仑山之间，周边大部分都是少数民族地区。西部与西藏自治区毗邻，西北角与新疆维吾尔自治区相连，面积达4.5万平方千米，是长江的主要源区之一。

可可西里地区处于青藏高原腹地，地势高亢，平均海拔5000米。最高峰岗扎日海拔6305米，最低点海拔4200米。区内中部较低缓，具有西部高而东部低的地势特点。

基本地貌类型主要为中小起伏的高山和高海拔丘陵、台地和平原。南北边缘山地为大、中起伏的高山和极高山。山地起伏和缓，河谷盆地宽坦，是青藏高原上高原面貌保存最完整的地区。

可可西里的地貌主要包括冰川作用地貌、冰缘作用地貌、流水作用地貌、湖泊作用地貌、风力作用地貌等。冰川作用的范围有一定的局限性。冻胀作用、冰融作用、寒冻风化作用等形成了多种多样的冰缘地貌。流水作用由于水量有限、季节变化大、流水侵蚀和搬运作用都较弱，在现代河床中砾石磨圆往往很差。湖泊作用以沉积沙砾石为主。高原风力较大，风力作用很醒目，使地表粗化十分普遍。

↓可可西里山最高峰——岗扎日冰川

可可西里地区大部分为季节性河流。区内河谷地貌大多呈高原宽谷，其中一部分河流贯穿在古湖盆中。除局部河段受构造影响外，一般河谷阶地不发育。西部和北部是以湖泊为中心的内流水系，湖泊众多。有7个面积200平方千米以上的湖泊，其中以乌兰乌拉湖面积最大，有544.5平方千米。

据地质资料表明，上新世以来青藏高原强烈隆起，由于高原隆起，环境发生巨大变化，更新世期间，可可西里至少发生3次冰期。冰期和间冰期的冷暖、干温变化以及晚更新世以来环境强烈寒旱化，对可可西里的气候地貌过程和现代自然环境形成都有重大影响。

可可西里无人区位居世界无人区第三位，是中国最大的一片无人区，也是最后一块保留着原始状态的自然之地。

可可西里无人区气候寒冷，常年大风，最大风速可达20~28米/秒，年平均气温在–4℃以下，最冷温度可达–40℃以下。由于空气稀薄，气压偏低，大概只有低海拔地区的一半，水的沸点只有80℃。

恶劣的自然条件不适合人类长期居住，被誉为"世界第三极"、"生命的禁区"。然而，这里却是野生动物的天堂。野牦牛、藏羚羊、野驴、白唇鹿、棕熊等青藏高原上特有的野生动物为可可西里注入了活力。

神秘的可可西里，动物的天堂，曾经一度面临人类的骚扰，好在最近保护可可西里的行动已经展开，相信这里仍将保持最原始的状态。

↑ 可可西里的野牦牛

↑ 当地的生态曾一度遭到人类的严重破坏。

↑ 位于可可西里腹地的卓乃湖保护站是唯一一个帐篷保护站，是绝对的无人区。

藏羚羊

藏羚羊，哺乳纲，偶蹄目，牛科。主要分布在中国青海、西藏、新疆三省区，现存种群数量约在7万~10万只。由于藏羚羊独特的栖息环境和生活习性，对于这一物种的相关科学研究工作也开展甚少。经过千万年自然演变，它们与冰雪为伴，以严寒为友，自由自在地生息在"世界屋脊"之上。然而，由于一些所谓的贵族对被称为"羊绒之王"的藏羚羊羊绒——"沙图什"的需求，藏羚羊的栖息地正在变成一个屠宰场，每年数以万计的藏羚羊被非法偷猎者捕杀！昔日茫茫高原上数万只藏羚羊一起奔跑的壮观景象，如今再也见不到了。

奇趣盎然的亚利桑那沙漠

↑亚利桑那州的彩色沙漠

在美国亚利桑那州的佩恩蒂德沙漠里，散布着数以千计亮如宝石的"圆木"。这些看似木材的"木材"，实际上是化石。"圆木"有的伏在山脊，有的倒在半山腰，外形酷似真正的大树，因为它们本来就是由真正的树木变成的。

美国军官薛格列夫曾于1851年骑马经过亚利桑那州佩恩蒂德沙漠，在滚滚沙尘中偶然发现一片森林的残迹，那种景象是他前所未见的。散布四周的林木，外形跟一般树木没有什么差别，质地却是坚硬的石英结晶体。

沙漠干旱酷热，根本不容树木生长，这些坚硬如铁的残干断枝从何而来？即使树木曾经生存，树皮、树叶和植物纤维又是怎样变为冰冷的化石的呢？

派恩特印第安人认为，这一根根闪闪发亮的"圆木"是雷神的箭杆。而住在当地的纳瓦霍印第安人却认为，是传说中巨人叶亚苏的遗骨。其实那是全球最大的石化森林，是大自然的产物。

↑名贵的圆木化石

大约在2亿年前，亚利桑那沙漠地区是一片广阔的平原，火山环立，中央低洼又多沼泽。在南部丘陵和火山坡低处，生长着巨型针叶树，在这片针叶林中，没有什么动物栖息。

那些树木，大多高30米，树干直径超过1.8米，少数体积比这还大一倍。不过大都只剩残干断枝，想必是在石化过程开始前裂开，或在露出地表的过程中断裂。

由于结晶过程不同，"圆木"呈现不同色彩，大多为纯石英，那是硅原子单独结晶所形成的。若掺杂其他矿物，则形成亚宝石，种类繁多，诸如紫晶、玛瑙、碧玉、缟玛瑙、光玉髓等。不管结晶体成分为何，在结晶过程中，原来树木细胞的形状都得以保留，因而形成石质树木，深埋地下，最深的埋在地下300米处。

大约是在 6500 万年之前，地壳发生了强烈的运动。造成落基山脉的地壳活动使亚利桑那这部分土地抬升，地面积水退掉，针叶林的晶体遗迹升高，掩盖石化树木的沉积物、页岩和砂岩，因风雨侵蚀而逐渐消失，石化森林慢慢显露出来。

石化森林主要分为 5 种，以圆木的主要成分或色彩命名：石英林、彩虹林、碧玉林、蓝方山、黑森林。碧玉林内，树干大都不透光。石化森林内有不少奇观，其一为"玛瑙桥"，浑厚的木材转化为天然石桥。玛瑙也是人工胜景"玛瑙星"的主要材料。

这个地区除了得以重见天日的石化圆木外，还有许多 2 亿年前动植物的化石。植物中以针叶树最普遍，此外为苏铁科植物，外形很像棕榈，叶子则像蕨类。恐龙化石包括貌似长吻鳄的植龙及形如犰狳的雕龙等。

佩恩蒂德沙漠地区年平均降雨量少之又少，大多为短暂急剧的雷雨。一场骤雨就可以把表土冲掉 25 厘米之多。随着表土流失，显露出来的"圆木"和化石逐渐增多。巨型爬虫动物雄踞地球时代的遗迹，也呈现在人们眼前。

↑ 质地精美如玉的圆木化石

↑ "圆木"化石仍然完好地保存着木质的纹理。

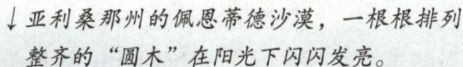

↓ 亚利桑那州的佩恩蒂德沙漠，一根根排列整齐的"圆木"在阳光下闪闪发亮。

神奇的石膏沙漠

↑ 用于建筑的石膏

↑ 白色的石膏沙漠，犹如月光下的雪地。

↓ 沙漠中少有植物生存，但凡生存者必具有发达的根系。

在美国新墨西哥州图拉罗萨盆地的沙漠上，皑皑的沙丘在阳光的照耀下闪闪生辉，恍如清新纯净的雪原。白色沙子在火辣辣的太阳下闪耀着微光，犹如月光下的雪。清凉的白沙一望无际，不断随风迁移，沙堆不断流失，又不断地填充，这里就是著名的白沙名胜区。

一般的沙漠里，沙子的主要成分是石英。这里的沙粒不是石英颗粒，而是质地较软的石节晶体微粒，即硫酸钙（石膏）。由于表面水分的蒸发率高，沙粒又反射而非吸收阳光，沙丘十分清凉，跟普通沙漠不同。

石膏是一种很普通的矿物，由于极易溶解于水，所以地面上罕见。

这片不同凡响的石膏沙漠，大约起源于1亿年前。当时，这大片沙漠原为浅海。由于气候干旱，海水干涸，留下了一些咸水湖，最后也在骄阳下蒸发殆尽。湖水本来富含矿物，水分蒸发掉后湖床上就剩下盐和一层厚厚的石膏。

约6500万年前，萨克拉门托山脉和圣安德烈斯山脉开始形成，中间夹着图拉罗萨盆地。地壳大规模活动，陆块皱褶隆起，将石膏层推高。

冰雪融水和季候雨从萨克拉门托山脉和圣安德烈斯山脉上流下，将山坡上的石膏颗粒溶解，成为浓度很高的硫酸钙溶液，冲到图拉罗萨盆地的最低点，即卢塞洛湖。盆地终年受骄阳炙烤，长而久之致使湖水蒸发，留下一层厚厚的石膏透明晶体，称为透明石膏。风化作用使晶体渐渐变为细沙，随西南盛行季风飘落到盆地上，堆成高耸陡峭的沙丘，不少沙丘高达15米。盛行季风不仅仅堆起沙丘，还把沙子吹送到远处，迁移距离每年可达9米以上。这个过程从未停息，使区内地貌不断变化，日新月异，仿佛拥有生命一般。

能够在这里生长的植物，如丝兰、美洲杨树等，都有很发达的根部，能深入沙层，稳住干茎。基于同样的原因，能够在区内长居的动物也很少，其中包括浅色的无耳蜥蜴、昼伏夜出的珍稀动物阿帕奇囊鼠。这两种动物都具有保护色，身躯跟眩目的白沙浑然一色，让人难以发现。

十 "不毛之地" 赛斯登沙漠

赛斯登沙漠区位于伊朗多尘干旱的台地罗德沙漠的东部，横跨伊朗与阿富汗边界，面积约 7000 平方千米。这里偏僻荒凉、岩石裸露、沙粒干燥。境内河床终年处在骄阳的炙烤下，除冬季及初春偶尔有水外，总是干涸的。

今日的赛斯登沙漠区几乎成了不毛之地。可是，就在 600 年前，赛斯登地区还是一个人口稠密的商业中心城市，而且这里农业也很发达。那时这里的人们就懂得灌溉技术，设有许多复杂的灌

↑隐约可见的沙漠古城遗迹

溉系统。后来，由于连年的战争，人们流离失所，四处奔逃。就这样，在这片干燥的土地上茁壮发展起来的文化，在刀光剑影下完全毁灭了。

也许有人会问：在战争中离开家园的人们就再也没有回来吗？

在世界的其他地方，即使遭受过数次大规模战争的侵袭，也很少会有渺无人烟达数百年之久的现象。的确，房屋可以重建，灌溉工程可以修复，一切都可以恢复旧貌。吃苦耐劳的民族，即使人口大量减少，只要下定决心，也可以再过上富裕的生活。但是，沙漠地区绝不是理想的生存环境。

赛斯登的情形特殊，经过战争之劫，由于风沙的侵袭，很快就把该地变为一片荒漠。蒙古游牧民族离开后，大风接踵而至，把沙子带进区内。

这种大陆风每年 5 月底吹来。整个夏季，风势惊人地猛烈，几乎无片刻宁静，直至 9 月末才平息。干风从北面稍微偏西方向的西亚干燥中心地区猛烈袭来，有时风的时速超过 102 千米。风声呼啸，挟带沙尘滚滚而来，使整个地区有如鬼域。在

↑永不折服的沙漠生命

伊朗

　　伊朗是一个高原和山地相间的国家，大部分位于伊朗高原上。中央部分大多为较平坦的高原，占全部领土的1/2。高原上多小型内陆盆地。北部有厄尔布尔士山脉，平均海拔约3000米，主峰达马万德山海拔5671米，是一座死火山，为伊朗最高峰。里海沿岸狭窄的平原上，覆盖着肥沃的冲积土。东部地区是干燥的盆地，形成许多沙漠，沙漠和荒地占全国面积的1/3，著名的美索不达米亚平原的东南部在伊朗境内。伊朗东部和内地属大陆性亚热带草原和沙漠气候，寒暑变化剧烈，夏热、冬冷多风，内地形成大片的草原、沙漠和盐沼。

　　一个夏季内，位于一个山脊背风隐蔽处的基拉瑙村就完全被沙掩埋了。大风不仅能把沙吹来，在一些地方堆起沙丘，也能把沙吹去，在另一些地方挖掘地面，甚至能把黏土地挖出个大坑，坑深可达320米。

　　赛斯登地区的夏季强风，与广大南亚地区的热带季风有关。在炎热的夏天，中亚细亚上空形成一个强烈的低气压区，赛斯登就在该区的西北面。寒冷干燥的北极气团从北方进入低气压区，同时，凉爽潮湿的空气从印度洋吹来。结果在这个广大的中亚细亚低气压区产生逆时针方向环流，也就是赛斯登夏季干风的成因。

　　夏去秋来，中亚低气压消散，大风渐小。到了冬季，又有其他方向的风吹来。

　　大量的沙子及盛行季风（通常自固定方向吹来）导致赛斯登地区堆积了很多沙丘。这些沙丘大多形似马蹄铁，有两条迎风向后弯的长角，渐伸渐远，我们称之为"新月形"沙丘。就这些沙丘的轮廓而言，也可以显示出风的作用。当风的沙丘斜坡呈流线型，长长的，相当平缓。

　　沙粒被风吹动时，顺着沙丘斜坡滚上沙丘越过顶部。沙丘较陡的一边是背风面，沙粒被吹过顶部后滚下到达背风那边比较避风的地方。沙丘的沙粒越粗，背风斜坡的斜度就越大，原因是粗沙比细沙更能堆高而且不易坍塌。沙粒经常从当风那边越过顶部，因而使沙丘移动。只有在沙丘遇到潮湿的土壤或青草、矮树及其他植物在沙丘表面生了根时，这种移动才会停止。

　　就是因为这种强劲的季风气候，赛斯登地区至今依然是一片几乎寸草不生的荒漠。

一　浩瀚的塔克拉玛干大沙漠

塔克拉玛干沙漠位于我国最大的高原式内陆盆地——塔里木盆地的中央。沙漠面积33.76万平方千米，是世界第二大流动沙漠。沙漠中，自然与人文资源丰富，景观壮美。近年来开辟的沙漠特种旅游、观赏、探险、考古考察活动吸引着各方游人。

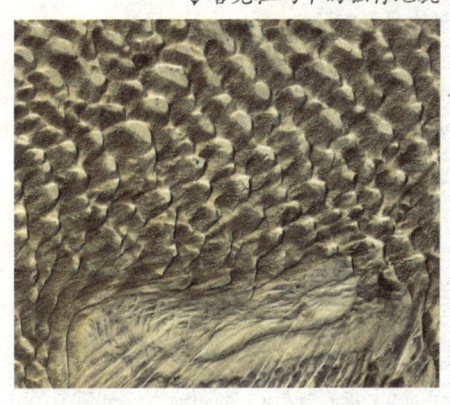

↓塔克拉玛干的独特地貌

这片沙漠地带早在6000万年前曾是一片浩瀚的海洋。那时这里气候温暖湿润，沿岸森林茂密，海洋生物非常繁盛。后来，由于气候变迁，环境不断变化，海洋面积也逐渐缩小。今天的罗布泊，就是这片大海向东退缩的残迹。各种生物相继死去。如今塔里木盆地蕴藏着大量煤田和石油，就是当年死亡的浮游生物沉积而成的。

这么大一片海洋怎么会变成沙漠呢？这里的气候为何变得如此干燥炎热？它那厚达百米的滚滚黄沙又是来自何处？

塔里木盆地是世界上距离海洋最远的地区之一，位于亚欧大陆的心脏部位。周围群山环抱，加上青藏高原这巨大的屏障，阻挡了各大洋水汽的深入，使深居内陆的塔里木盆地成了世界上最干燥的地区之一。这也是塔克拉玛干沙漠形成的条件之一。

塔里木盆地上的大小河流冲击物为沙漠的形成提供了物质来源。据统计，一块面积775平方千米的地区每年可为塔克拉玛干沙漠提供2.71万立方米的黄沙。随着气候日益干燥，沙漠从中心向边缘、由东向西不断扩大，滚滚黄沙终于吞没了一座座繁华的古城，形成了浩瀚的塔克拉玛干大沙漠。

↓美丽的"死亡之海"

第6章

6

峡谷洞穴

遍布世界各地的峡谷、
洞穴、沟壑、泉井……
就像地球的疤痕。
无论大小，
都有它们独具特色的故事。
这些神秘的伤疤故事，
毫无疑问都有助于我们了解
这个人类赖以生存的地球家园。

一 地球上最大的"伤疤"：东非大裂谷

↑ "伤疤"至今仍在流"血"

东非大裂谷由北面的叙利亚到南面的莫桑比克，穿越 20 个国家，全长 6400 千米，接近地球周长的 1 / 6。通过东非大裂谷我们可以看出，地球的两片地壳板块（阿拉伯半岛和东非在其中的一块板块上，非洲大陆的剩余部分在另一块板块上）在地下分开时，沿东非大裂谷的轴线做持续的地壳运动，这使得湖泊河流变得广阔，并使裂谷加深。而且终有一天海水会涌入，把东非从整个非洲大陆分开。

由于东非大裂谷中不仅有高原、崇山，而且在埃塞俄比亚南部分成两支，直到乌干达和坦桑尼亚边界的维多利亚湖地区才重合起来，所以严格说来，东非大裂谷其实并不是谷。另外，裂谷的走势也被沿着裂谷的湖海丘壑清晰地显示出来。

东非大裂谷在它的起始地叙利亚，形成了约旦河谷与死海。

死海是西亚著名的高咸内陆海，其湖面低于地中海海面约 415 米，是世界陆地最低处。它就像一个巨大的盆地一般，水只能流入而不能流走。但是这个地区的气温很高，使得水分蒸发比较迅速，所以这个地区的任何湖泊之类的大面积水体都会变得很咸。死海的含盐量约为 300‰，是一般海水的 9 倍，不会游泳的人也可以轻易地漂浮在水面上。

东非大裂谷沿着亚喀巴和红海延伸，直到埃塞俄比亚宽阔的扇形达纳基勒洼地才转入非洲大陆。咸度与死海相近的盐水就曾把这片 5000 平方千米的平原淹没过，当所有的水被蒸发之后，土地上留下了一层岩盐，有些地方盐的厚度可达 5 米。

马拉维湖、坦噶尼喀湖和维多利亚湖等东非大淡水湖，是观察动物进化的理想地方。这几个湖泊四周被干旱的荒漠阻隔。正如与世隔绝的澳大利亚大陆一样，由于其独特的地理而形成了许多独有的动物，这里的湖水中也生活着数百种其他地方所没有的鱼。

在这些大淡水湖中，维多利亚湖的平均水深为 40 米，是 3 个湖中最浅的一个，也是形成最晚的，只有不到 75 万年的历史。

↓维多利亚湖沿岸的风光

维多利亚湖形成的时候，四面的土地隆起，数条河流的河道被截断，结果河道加宽加深，并成为小湖，湖中有的鱼随着环境的变化而进化成新的物种。

维多利亚湖本身也经历了变迁，在其泛滥的时候，会把原来与外界隔绝的水体中的生物接纳过来；在干旱时期，湖中的生物又会回复与世隔绝的生活。然而，马拉维湖和坦噶尼喀湖形成的时间都超过了 200 万年，并且狭窄、比较深，这里的新生物种是由于地理隔绝而适应新环境后进化而成的。

形成裂谷的地方，密度和温度的差别使得熔岩出现在地壳的表面，这些地方都在地壳的"热点"上，沿着裂谷的轴线，可以经常见到火山活动。东非有数座大火山活动频繁，所以全年的水分也不会匮乏，有充足的水草供食草动物食用。然而，生活在塞伦盖蒂平原的几百万头动物，在干旱季节就不得不迁徙到有水草的地方。

坦桑尼亚的奥杜瓦伊峡谷位于一个古湖遗址上，它其实是一个峡中之峡，有 15 千米长，100 米深。数百万年以前，当时塞伦盖蒂平原的湖泊河流流下来的泥沙堆积在山谷里，而火山活动又在层层沙砾上。非洲大陆的最高峰——乞力马扎罗山（位于肯尼亚与坦桑尼亚间的边界）与肯尼亚山就在裂谷的轴线上。第三大火山是坦桑尼亚北部的恩戈罗恩戈罗火山，但是现在已经坍塌，而其坍塌的火山口成为非洲最佳的野生动物保护区。

英国考古及人类学家路易斯·利基首次在奥杜瓦伊峡谷发现了"能人"的遗迹。他们是被称作"南方古猿"的早期类人猿的后裔，但与之有显著的区别，此次发现加深了对人类进化的认识。

这种人科动物的脑容量较小，只有现代人的 1/3，但从后脑形状可看出是以两足直立行走的，而不像类人猿般以四肢行走。在奥杜瓦伊峡谷共发掘出 50 多个人科动物头骨，在北面埃塞俄比亚又找到了其他人科动物头骨，而且年代更久远，证明了非洲这一地区也是人类的发源地之一。

东非大裂谷给人们带来了很多的谜问，有许多事物值得人们进一步深入研究。

乞力马扎罗山和倘徉在山脚下的大象

一 美国大峡谷奇景

↑鸟瞰美国大峡谷

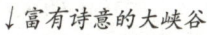
↓富有诗意的大峡谷

大峡谷位于美国亚利桑那沙漠中部，长约350千米，最宽处达29千米，位于托罗韦帕高地北缘下800米处。最深处为格拉尼特峡谷，深1.6千米。地球表面这道大裂缝，壮丽处非人类所能想象，笔墨就更不能对它进行形容了。

俯瞰大峡谷十分壮阔。层层岩石构成了峡谷的峭壁，岩纹也清晰可见。谷底为富含化石的花岗岩和浅黑的片岩（一种容易裂开的变质岩）。荒凉的孤山像失修的庙宇般矗立在地上。冲沟、裂隙就像复杂的迷宫一样交错其间。19世纪，有些科学家认为大峡谷必定是由大地震造成的。

广阔的凯巴布高原在60万年前是两大河系的分水岭。西面流淌的是瓦拉佩河，东面优雅地流淌着的是古科罗拉多河。随着时间的推移，瓦拉佩河向上游侵蚀，冲蚀凯巴布高原。历经多年，终于和古科罗拉多河相连，形成了现在的科罗拉多河。

在格伦峡谷堤坝建成以前，科罗拉多河以平均33千米的时速奔泻，每天冲蚀出上百万吨的泥土和岩石。高原的表面原本是古代海床，它的下面有许多层砂岩、页岩和石灰岩，是6亿—2.5亿年前远古时代沉积下来的。底部属于20亿年前的前寒武纪时代的片岩。

"合并"后的科罗拉多河在高原上奔流，在途中不断地冲蚀切割岩石的表面。同时，地壳活动把岩石推起，形成了巨大的圆丘。而凯巴布高原缓缓地上升，在500万年的时间内升高了1216米。

河水挟带的沙粒和石块不断地摩擦着峡谷，把峡谷侵蚀得越来越深。河水往下切割，而其他侵蚀力量打击岩石的表面，使其不断地分裂，再加上温度的骤升骤降，使石隙增大。冬天的风雪以及春天融雪，把岩屑和沙砾冲下石沟。随着地面的阻力越来越小，流水的冲击力越来越大，猛烈地切割着谷底，同时，岩层继续隆起，河道两边的峭壁也越来越高。

大自然中的万事万物无时无刻不在变化，就连这雄伟的峡谷也是在不断地改变着。

1964 年，美国在大峡谷国家公园的上游修建了格伦峡谷堤坝，大大减弱了科罗拉多河流的冲蚀力。但冬天的暴风雨仍然在猛烈地击打着绝壁，使得岩屑不断地剥落，植物在石隙中生长，挤裂石头，也使碎石掉进谷底。

一般人来到大峡谷之后，觉得大峡谷满目苍凉，毫无生气。其实，在大峡谷里面有不少动植物。

谷底的环境又干又热，那是沙漠动物的栖息之所，如黄蝎子、鞭尾蜥、斑臭鼬等。牧豆树和桶形仙人掌欣欣向荣，艾伯特松鼠只生活在较温暖的南里姆，而穗状耳的凯巴布松鼠则是在北里姆生活。峭壁比谷底凉快，那里是峭壁花鼠和亚利桑那灰狐的家园。

如今在岩石之间游荡的美洲狮的数目日益减少，土著居民也同样一天比一天少，现在只剩下少数的哈瓦苏派印第安人，他们居住的地方是美国境内一处非常荒僻的印第安人居留地。

德科伦纳多及其队伍大抵是最早来到大峡谷的欧洲人。德科伦纳多是一名西班牙骑士，他率领 300 人到此寻找黄金。他们在峡谷边缘听到西边传来水声，于是德科伦纳多派遣一名头目循声探察，结果找了 3 天，仍找不到通往河边的路径。如果他们找到的话，准会大吃一惊，因为河道仅宽 1.8 米。

300 多年后，艾甫斯上尉带领探险队来到这里，他们在亚利桑那西北部考察，从加利福尼亚湾启锚，沿科罗拉多河上溯，在炎热的天气下航行了 2 个月。最后由于水流汹涌湍急，他决定登岸，在南里姆骑骡沿岩架前进。艾甫斯上尉忆述说："距陡峭深渊的边缘不到 8 厘米，渊深 300 米。"他称那里为科罗拉多大峡谷。艾甫斯上尉对大峡谷的雄伟壮丽似乎无动于衷，他写道："这是个无利可图的地方，我们是首批到此的白人，大抵也是最后一批。看来是大自然为了让大峡谷的大部分河段不受人滋扰，才让壮丽异常的科罗拉多河与世隔绝的。"

艾甫斯上尉实在大错特错。许多人像罗斯福总统一样，认为那是"每个美国人都应该一览的胜景"。而且大峡谷的气象变化万千，被公认为北美洲一大奇景。

↙别有洞天的美国大峡谷国家公园

一 独龙江峡谷探秘

独龙江源于我国西藏察隅县，东面是5000多米高的高黎贡山，西面有同缅甸毗邻的4000多米高的担当力卡山。独龙江由上游克劳洛河与麻比洛河汇合后从迪布里流入贡山县，到茂顶又转向西流，过马库入缅甸，汇入恩梅开江。

↑险峻雄奇的独龙江峡谷

独龙江沿岸地形多样，从山脚至山巅的气候、温度悬殊大。独龙江水势汹涌湍急、落差很大，江上支流飞瀑多达100余条，由于受印度洋西南季风的影响，年降雨量在3200毫米以上，蕴藏着丰富的水力资源。两岸深山密林中，有名贵的秃杉、三尖杉、珙桐等，还有罕见的珍禽异兽，如虎、扭角羚、红岩羊等，以及名贵的山货药材，地下也蕴藏着丰富的矿产，有待人们开发利用，是云南省未开发的处女地，被外人称为最神秘的峡谷。

世代居住在峡谷里的独龙族，直到20世纪50年代仍处于原始社会末期，如打猎的弩弓是用黄桑木做成，渡溜用的溜筒是用清香木做的，连五彩的独龙毯也是用野生麻类织成的，住的房子更是离不开竹子和茅草。50年代后，在国家的大力支持下，独龙族人民垦荒造田，建设家园，独龙江河谷地区各方面都有了很大发展。独龙江河谷内修了人马驿道79千米，架起了4座钢绳吊桥，结束了过江靠溜索和藤网桥的时代。

独龙江上的藤网桥

独龙江上的藤网桥是一种构造别致、具有民族特色的桥，是独龙族人民在长期的生产劳动中创造的过江工具。整个独龙江地区至今还有很多座藤网桥横跨在江上，藤网桥仍然是独龙族群众来来往往的重要交通工具。

藤网桥结构简单而又古老，但很有特色。它是用独龙江畔特有的藤竹编起的篾索（现多为钢索），拴在两岸的树干或固定的木桩上，再用藤或竹篾结成网，而后铺垫上两根手掌宽的金竹或龙竹，人从网中过江。

↑在云南独龙江，为了生存，人们曾经每天都要往返于这种藤桥上。2006年这座藤桥坍塌了，人们改用索道，这张照片成为历史的见证。

一 天山神秘大峡谷

天山南麓群山环抱中的天山神秘大峡谷，集人间峡谷之妙，兼天山奇景之长，蕴万古之灵气，融神、奇、险、雄、古、幽为一体。景异物奇，令人神往，为古丝绸之路黄金旅游线上新增了一颗璀璨的明珠。

大峡谷呈南北弧形走向，开口处稍弯向东南，末端微向东北弯曲，由主谷和7条支谷组成，全长5000多米，谷端至谷口处自然落差200米以上，谷底最宽53米，最窄处0.4米，仅容一人低头弯躯侧身通过。在距谷口1400米深处，高约35米的崖壁上，有一处始建于盛唐时期的、绘满壁画的千佛洞遗址。就文字记载和绘画艺术而言，这在古西域地区已发现的300多座佛教石窟中都十分罕见。

天山神秘大峡谷所带的神秘色彩主要表现在：

一是令人不寒而栗的阴声与怪气。

在千佛洞的悬梯及高层台阶上，乃至峡谷内的客栈里，偶尔会听到谷底处行人般嚓嚓的脚步声或敲门声，当你定睛细看时，却是声、人皆无。此时此刻，即使是饱经风霜的入谷探秘探险者，也会毛骨悚然、惊恐失色。

更为甚者，傍晚只身漫步在峭壁摩天、阴森幽暗、阴风惨惨的幽灵谷内，偶尔会听到震撼群山、古怪异常的空谷巨响，势如雄狮狂吼、地震山撼，令人大有山崩地裂之恐惧。谷内千佛洞峰体脚下，青龙潭及幽灵谷等谷底一带，在拂晓或晚间，瞬时会从谷底升起一团如烟似雾的白气，沿山体缭绕移动呈"之"字形蜿蜒腾空。

有人认为，发生阴声、怪气是由于谷内特定地段的奇特地形、风向风力、谷内外温湿差异及地球磁场作用等因素形成的"狭管效应"与其山体及沙土层共鸣所致。但是这种观点显然缺乏科学依据，尚有待科考工作者和有关专家的进一步探讨揭秘。

↓瑰丽的色彩给天山大峡谷披上了一层神秘的面纱。

二是使人惊恐的神影奇变。

在紧靠峡谷入口处内侧突兀的崖壁上有一黑色"神犬"面谷而卧，故名"神犬守谷"。一般季节犬呈黑色，每到七八月份会由黑色变成黄褐色，但无论光线如何变化，这只犬的形状却从不改变。奇怪的是，远看是只犬，近看是怪石悬壁。

同"神犬"有类似现象的是灵光洞。该洞深嵌在卧驼峰旁的山腰间。远远望去，洞内有一身穿银灰色罗裙的"仙女"在挥动双臂翩翩起舞，可是当你走进山体离洞近3米远处再看时，"仙女"的影像不再出现。

三是神水、神风之谜。

盛夏，谷外骄阳似火，令人汗流浃背。进入谷内，特别是一线天、月牙谷、幽灵谷和冷风洞等地方时，瞬间遍体生凉，暑汗全消。在谷内还有一股忽左忽右、忽前忽后、忽上忽下的神风，万古不歇。风向的瞬时变换与谷忽宽忽窄、峰回路转及内外温差息息相关。

这些都是在说明天山大峡谷的神秘而已。大峡谷在2002年荣升为国家ＡＡ级旅游名胜风景区。如今已经定名的景点有神犬守谷、通天洞、旋天古堡、玉女泉等40处，其中通天洞是嵌在百米悬崖之上，洞中有洞，直冲云霄。传说唐朝时有12名中原汉僧到西域传经，一路上历尽艰辛来到龟兹，后因寻找佛缘圣山时进入大峡谷，进了通天洞后，羽化成仙。

玉女泉位于峡谷深处紧靠峰基一高约8米、宽4米的山洞的圆形顶壁上，终年有泉水滴落，冬季滴水成冰，凝成了一个上窄下宽、重约千斤、晶莹剔透的巨大冰柱，每年三四月间冰体渐溶，这时它就宛如体态多姿的少女，玉女泉由此得名。

大峡谷除兼有其他峡谷奇峰林立、雄伟壮观等共性外，还具有一峰多景、景趣超凡的独特风貌。

↑ 几乎让人窒息的谷底——一线天

↑ 令人遍体生凉的冷风洞

神秘的吐峪沟大峡谷

↑在大自然的鬼斧神工之下，吐峪沟大峡谷给人以无尽的遐想。

↑麻扎村的黄黏土屋

↑安静而悠然的麻扎村村民

吐峪沟大峡谷在中国新疆吐鲁番市以东47千米、鄯善县境内火焰山中，它是一个历史文化悠久、自然景观奇美的峡谷，素有"东方小麦加"之称。吐峪沟大峡谷位于火焰山中段，北起苏巴什村，南到麻扎村，两村间的峡谷长约12.5千米，从北向南把火焰山纵向切开，色彩分明的山体岩貌清晰可见，峡谷中有火焰山的最高峰。

神秘的吐峪沟大峡谷，不仅有怪石嶙峋、沟谷纵横的峡谷风光，还有藏传佛教寺院遗迹和具有伊斯兰建筑风格的清真寺。无论是民宅还是千年前的佛窟，均继承了2000多年来用黄黏土建造房屋的传统习惯。

位于大峡谷南沟谷的吐峪沟麻扎村，是新疆最古老的维吾尔族村落。它分布在绿塔耸立的清真寺四周，有百十户人家。这个村庄完整地保留了古老的维吾尔族传统和民俗风情。徘徊在峡谷底处的村落中，仿佛置身于世外桃源。

吐峪沟千佛洞是悠久历史的文化见证，是佛教传入中国最重要的驿站。吐峪沟千佛洞石窟比敦煌莫高窟建造的时间早，保存的壁画遗址较多而且引人瞩目。虽然现在那里的面貌已经不如往昔，但仍然吸引着世界各地研究佛教历史、佛教艺术的学者们的目光。

吐峪沟阿萨吾勒开裴麻扎在伊斯兰教中地位显赫，是著名的两个麻扎（圣地）之一。它不仅是中国境内的第一大伊斯兰教圣地，而且是世界伊斯兰教七大圣地之一。

吐峪沟在千年前曾是王室的佛教圣地，然而当伊斯兰教进入吐鲁番地区时，伊斯兰教徒对佛像进行了毁灭性的破坏。而且这里也发生过地震，再加上海外的文化强盗，壁画和经卷早已散逸一空。

如今吐峪沟山谷里那些被岁月和战乱掏空了的石窟，仰望起来更像是被挖去眼珠的眼睛，茫然而忧伤。整个山体遍布着历史的伤痕。

一 火山造就的奇谷

　　火山活动是地下深处的炽热岩浆冲破地表岩层喷出地表产生的。由于火山的岩浆源、地质、大小、地理情况的不同，火山还创造了一个个奇特的景观，如地理学上所谓的"荒谷"、"万烟谷"、"死谷"。

荒谷

　　多米尼克岛位于加勒比海，是一个由几座火山构成的小岛。在岛南部的亚特山附近有一个小山谷，山谷里寸草不生，一片荒凉，因此得名"荒谷"。

　　荒谷虽秃，却成为世界旅游胜地。因为在荒谷海拔690米的山坡上，有一个与特立尼达岛旧的沥青湖并称为加勒比海两大奇迹之一的"沸湖"。湖中热水上

↑加勒比海有一个多米尼克岛，因山谷里寸草不生而被称为"荒谷"。

涨时，湖面如开锅般沸腾翻滚，蒸汽缭绕。突然，湖底一声巨响，一根银色水柱从湖底腾起，直冲空中，壮观至极。顿时湖面蒸汽弥漫，湖水沸腾，不久又戛然而止，再度平静。由于湖水散发的蒸汽中含有大量硫磺，谷地上又到处是硫质喷气孔，使整个山谷笼罩在含硫气体中，草木难以生存，此处便成了荒谷。

万烟谷

　　万烟谷位于美国阿拉斯加州卡特迈火山西北约10千米处。此山谷面积145平方千米，属环太平洋火山地震带，火山活跃，地震频繁。

　　山谷中长年气柱林立、浓烟滚滚，构成了一处奇特壮丽的景观。原来在这片被卡特迈火山灰砾铺盖的地面上，布满了数万个喷气孔和烟柱，在火山灰堆积较薄和山谷的上部尤为密集。伴着隆隆巨响，这千万个喷气孔同时向空中喷出混杂着火山灰砾的炽热气体，在高压气流的推动下，热气以飓风般的速度向山谷下方席卷而去，整个山谷笼罩在浓密的烟雾中。这个山谷也由此而得名"万烟谷"。

死谷

　　死谷位于俄罗斯勘察加半岛附近，长约2000米，面积约8平方千米。人畜一旦误入谷中，必死无疑，连天空中飞经此谷的老鹰，也常堕入其中。山谷里尸横遍地，腐臭难闻，当地人称其为"动物墓地"。

　　这个恐怖山谷为什么会这样残酷地杀害生灵呢？

　　这个山谷位于火山分布区，三面峭壁环抱、一面是小热泉冲出缺口的小凹地。地层里含有大量的硫，还有不少纯硫裸露出地面。地下溢出的热气由二氧化硫、甲烷、硫化氢及惰性气体构成，比重大，不能飘离地面，而在小凹地这天然密闭的"气库"里更是难以散逸。遇到无风天，这种有毒气体越聚越浓，致使误入谷地的人或野生动物立即中毒身亡。此地因此得名"死谷"。

十 "保护神" 莫赫陡崖

  莫赫陡崖的地貌在爱尔兰是最险峻的，有别于岛上柔和的景色，因为爱尔兰的大部分土地都覆盖着一片绿油油的田野、小山、溪流和浅水湖。莫赫陡崖既没有花朵、草坡，又没有砂质海湾。它那黑乎乎的峭壁呈锯齿状，陡峭的岩石像六角形手风琴一样在大西洋中时隐时现，沿着克莱尔郡海岸延伸了 8 千米。虽然莫赫陡崖的基底不停地被大西洋的狂风巨浪冲击，但是它依然稳如泰山，巍然屹立。

  大西洋的巨浪一浪接一浪，撞碎在峭壁上，激起狂乱的浪花。这时候，人畜只要冒险走近悬崖绝壁，就会被西风搅起的水雾弄湿。

  在狂风暴雨之日，大西洋的这个角落令人望而生畏。在崖底边缘，一层厚厚的咖啡色飞沫把石屑抛向高空；雨云令壁面显得乌黑；暗灰色的海面上白浪层叠，弥漫着一片银灰色。

  由于峭壁顶部的土壤被雨水浸透松动了，壁面被海风里的盐分腐蚀了，使得这一带的峭壁正一点点地慢慢崩溃，甚至峭壁上偶尔会有一段岩壁坠落海里。悬崖的灰岩基底（是由无数细小海洋生物的骨骼组成的）是在 3 亿年前堆叠起来的。数百年来，越来越多的页岩和砂岩沉积在海里，然后被大陆的移动推上了表层。

  我们可以想象在塑造这些悬崖时，早期的爱尔兰诸神所起的作用。都柏林作家普伦基特在《她佩戴的宝石》中写道："每当天气晴朗，尤其在日落时，那一带峭壁如同进入了神话和地狱的境界。而薄雾朦胧中，悬崖就像发狂的神在做噩梦。"

  在某个时期，古爱尔兰的众英雄（不论是现实中的还是传说中的）必定会在崖顶昂首阔步。据说靠近悬崖正面有一部分像女人坐着看海的岩石，当地人说她便是变成了石头的老妖梅尔，传说她在那里散步时失足掉进海里淹死了。

↑ 都柏林作家普伦基特

　　陡崖从南部120米高的女巫角逐渐向北升到最高点，以奥布赖恩塔作为标记。再向北看，沿着陡崖的岩架正好成了野山羊冒险下崖的路。这条路一直向下倾斜至都林渔村的一个沙湾。从北端走近峭壁时看到的景色非常壮观。

　　一条布满沟缝的小路铺满巨大的灰岩石板，一直通往奥布赖恩塔。那是当地的地主奥布赖恩爵士在1835年请人建造的一座塔，作为观景和喝茶之所。19世纪时的游客费尽全力登上此塔后，还可坐在塔内的圆桌旁，一边欣赏笛手吹奏美妙音乐，一边享用茶点。

　　奥布赖恩选择此地建塔显然是因为这里的景色无与伦比。向南，有一座灯塔独自竖立在庐普角上，那是克莱尔郡西部尖端处。朦胧苍郁的克里山脉就在它的背后。再向北，如人一般大小的巨砾铺满了下面的卵石海岸，但是从崖上俯瞰，巨砾就像鹅卵石。在最北端那镶着"红边"的峭壁以外，远远地挺立着一列名为"康尼马拉的十二颗钉"的圆锥形山峰。

　　远眺浩瀚的大西洋，海上只有阿伦群岛3座小圆峰，击碎起伏不定的浪涛。在风和日丽的日子里，这些银灰色的岩石在阳光下闪耀着迷人的光彩。暴风雨来临时，它们却变得漆黑险恶，仿佛会突然心血来潮，横渡南桑德而围攻爱尔兰。不过，有莫赫陡崖如堡垒般矗立着保卫海岸，爱尔兰可以高枕无忧。

　　有一位将军勒德洛说："那里无足够溺死人的水，又没有供人上吊的树，更乏埋葬死人的泥土，但是它有牧场和松林，而且石阶上到处都有已扎根的榛木和刺柏。"

　　在这片灰岩上，生长着上千种植物。这些植物奇迹般地在这一小块一小块土壤中扎根生长，使这片阶地成为植物热爱者的天堂。温和潮湿的气候和岩石的庇护，使高山植物和地中海植物在此成长。初夏时分，老鸡草和春龙胆等把它点缀得多姿多彩，岩面也显得生气勃勃。

　　雨水漏进石缝向下流，不断地侵蚀岩石，形成无数槽沟和海蚀洞。从堡垒、石墓等遗迹可证实，人们在这些独特的岩石园里已居住了数千年。有科学家认为，岩石变得寸草不生的原因是史前时期人类砍伐林木，引致侵蚀。

↑鸟瞰奥布赖恩塔

↓守护爱尔兰的莫赫陡崖

神奇的蓝洞

↑光线从外海通过水道打进洞里，蓝洞水沁透出淡蓝色的光泽，相当美丽。

许多世纪以来都流传着这样一个传说：安德罗斯岛周围加勒比海平静的海面开始慢慢转动，形成漩涡，并且在漩涡中心露出深蓝色的洞，大口大口抽吸海水。而这种奇异现象是名叫鲁斯卡的妖魔在作怪。

安德罗斯岛是加勒比海巴哈马群岛中的最大岛屿，位于大巴哈马浅滩的海底高原上。该岛三面是温暖浅海，在该岛的东侧，一条称为"大洋之舌"的深长水道绕过海岸。沿着这条水道的一些地方，分布着浅滩和珊瑚礁，然后突然间出现了一些幽深的洞口，这些洞口就是神秘的蓝洞，被称为"世界上最惊人的水下洞穴和通道的入口"。

巴哈马人称蓝洞为沸腾洞或喷水洞，这是因为有汹涌的潮流在洞口出入的缘故。涨潮时，洞口的水开始围绕着一个漩涡飞速旋转，将水面一切漂浮物体，不论是植物碎片或小渔船全都吸进去，直至踪影全无；落潮时，洞内汹涌喷出蘑菇形的水团。

令人惊诧的是，大量动物好像已经适应了这种险恶的环境，有些探险家把一些洞穴比作"水下动物园"。天蓝色和淡紫色的海绵像鬼魅般在靛蓝色的深水中漂浮，螯虾栖息在岩缝中，角鲨停在沙床上一动不动。在一定深度的水中还有极小的贝类和蠕虫。不过最奇特的是避光鱼，这种洞穴盲鱼全身近乎无色，以前只知道这种鱼生活在内陆的水域中。

巴哈马群岛是一串石灰平台或浅滩的组成部分，石灰岩较易被流水侵蚀，形成洞穴和地下通道。巴哈马的石灰岩是世界上已知的最厚的石灰岩，形成于约1.3亿年前。珊瑚礁生成在石灰岩上，随着石灰岩开始下沉（平均每100年约1厘米），珊瑚便生长起来。所形成的洞穴和地上通道，据知有些出现在3050多米的深度，长度超过2300米。

1991年，在岛上一处名叫神圣蓝洞的地方发现了人的骨头和颅骨，也许是鲁卡晏人（哥伦布时代居于加勒比地区，操阿拉瓦克语的部落）的骨骸。

至今，还没有人统计过有多少蓝洞，只有几个有人进去探察过，探测这种洞穴是非常危险的。由于水流湍急，潜水员只能在"憩流"时（涨、落潮交替之际）才能入洞，这个平静期仅持续20分钟，已有几位潜水员因耗尽氧气而丧生于洞内。

↑优美的安德罗斯岛和"大洋之舌"

一 阿尔塔米拉洞穴的"野牛"

阿尔塔米拉洞穴位于西班牙东北部桑坦德附近。洞穴比较大，长度为300多米。

据说，这个洞穴是由一条地下水道冲刷而形成的。著名的洞穴壁画就在洞口的左侧，长约12米，宽约6米，共绘制了150多个风格迥异的动物形象。

壁画线条活泼，色彩鲜艳，而且布局合理，疏密有致。画面充分利用了岩石表面的凹凸不平，来表现动物的肌肉和骨骼的变化，因而形象逼真，呼之欲出。

↑阿尔塔米拉洞穴的野牛壁画

西班牙考古学家德·索图拉侯爵于1875年第一次来到阿尔塔米拉洞穴，他发现了许多旧石器时代的燧石工具和动物骨骼等。他第二次来阿尔塔米拉洞穴时，把他5岁的女儿也带去了。

他在阿尔塔米拉洞穴中发掘的时候，他的女儿钻到一处洞顶很低、成年人未到过的地方玩耍。突然女儿惊呼起来："牛！"

↑形象逼真的奔牛图

索图拉顺着女儿所指的方向，看见洞顶和洞壁上画满了各色各样的野牛、野马、野猪和野鹿之类的动物，而且千姿百态、栩栩如生。

就这样，举世闻名的阿尔塔米拉洞穴壁画中的动物图形描绘被索图拉的女儿偶然之间发现了。

几年后，索图拉在《桑坦德省史前遗物简介》中发表了阿尔塔米拉的壁画，认为其年代属于旧石器时代。他的发现和见解立即在史前学家中引起了一场轩然大波。虽然当时马德里古生物学家威兰诺瓦·依·比拉和法国的德·莫尔蒂耶教授支持索图拉的看法，但是学术界普遍持否定态度。

他们认为原始人不可能具有如此高超的艺术成就，甚至有人指责索图拉是个骗子，怀疑这些绘画是他伪造的。所以，尽管阿尔塔米拉洞穴壁画公诸于世后掀起一阵狂澜，但很快便平息下去。甚至在召开的国际性史前考古学和人类学会议上，竟没有被人提起。

虽然在1882年德国首都柏林召开的人类学会议上，讨论了阿尔塔米拉洞穴壁画，但最后因为怀疑的人比较多，而被放在了一旁。直到1888年索图拉抱憾去世时，他的重大发现也没有得到世人的公认。

1901年，史前居住遗址中的雕刻品和洞穴壁画艺术被接二连三地发现后，人们

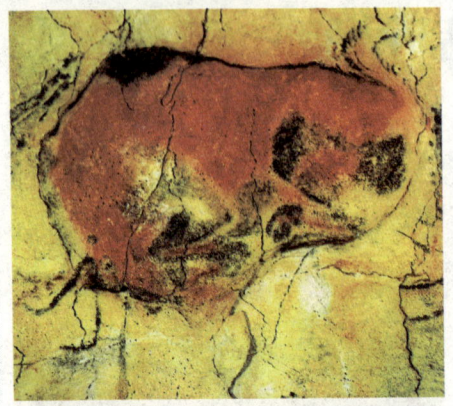

↑阿尔塔米拉壁画中的动物造型生动逼真

开始对阿尔塔米拉洞穴壁画有了一个重新的估价，相信它是史前时期人类创造的辉煌杰作。

现代的考古研究表明，凡是人类曾经居住过的洞穴遗址绝大多数都有原始壁画的痕迹。这些壁画无论是绘画的还是雕刻的，都是以动物为主，因此人们认为洞穴艺术实际上就是表现动物形象的艺术。

然而，从世界范围来看，原始人类的艺术水平都比较低，大多绘画作品线条呆板，比例失调，幼稚中透出拙朴。即使是数千年前的洞穴壁画艺术，其绘画水平也是十分拙劣的，根本无法与阿尔塔米拉洞穴壁画相媲美，难怪西方学者在很长一段时间里坚信它是近人的伪作。

在阿尔塔米拉洞穴岩洞顶部绘的一幅"受伤的野牛"图像是阿尔塔米拉洞穴壁画中最受人推崇、艺术成就最高的。这头野牛负伤之后把身躯蜷缩成一团，整个画面呈三角形，野牛受伤后甩动的尾巴、弯曲的牛角、抽搐的四蹄、直竖的耳朵都极富动感，把野牛临死之前那种困兽犹斗的状态表现得淋漓尽致。从这幅画中可以看出，原始艺术家对于动物的观察是何等的敏锐和细腻！

在阿尔塔米拉洞穴中除了这样的写实作品外，还有许多抽象的符号和图形，多位于动物图像的周围，有的用浓重的红色涂画，有的用黑色的粗线条勾勒，部分地区还略加渲染。类似的抽象符号和图形在欧洲其他一些旧石器时代的洞穴壁画中也曾出现过。

可是，居住在阿尔塔米拉洞穴的原始居民为何能够创造出如此惊人的辉煌艺术成就呢？

这一点令人百思不得其解，这是自它发现以来，世界各国学者讨论不休的问题，至今尚未找到满意的答案。

我们相信，随着考古新发现的不断涌现和科学的发展，阿尔塔米拉洞穴壁画之谜一定会被人类找到答案的。

一 卡尔斯巴德洞窟奇景

卡尔斯巴德洞窟位于美国新墨西哥州，凡是去过那里探险的人都会感到不可思议。它是一处神奇的洞穴世界，迄今探察到的最深的洞穴位于地表以下 305 米，溶洞中最大的一处比 4 个足球场面积的总和还大。已发现的近 100 千米长的洞穴和通道是世界上最长的山洞群之一。洞中有各种各样的矿物硬壳，其各具特色的洞穴构成了一个多姿多彩的地下世界。

卡尔斯巴德洞窟形成于 2.8 亿年前至 2.5 亿年前。雨水渗入瓜达卢佩山石灰岩山体的裂缝，溶解了松软的岩石，刻凿出隧洞和洞穴，水从洞穴中流出，留下的矿物质形成各种造型。洞窟中呈柱形的钟乳石从洞顶悬垂下来，一缕缕细如发丝的石膏可以延伸 6 米长，这些石膏有的像爆米花、气球、薄霜覆盖的冷杉树、还有的象优雅的褶布。外形类似鸟巢的扁平岩石下面有多节的细颈柱支撑。

卡尔斯巴德洞的探险进行得非常缓慢而且谨慎。地形险峻、湖水幽深，这些并不是全部的原因，因为探险者知道那些"装饰品"是多么脆弱，一不小心就会把某些"装饰品"原有的外层踏碎或弄脏。洞口拓大后，虽然使得洞内的空气变得略为干燥，但还会令石膏"装饰品"受到腐蚀，随时可能会坍塌。因此探险者有严格的行为守则。

卡尔斯巴德洞窟内被称为"巨室"的洞穴有 1200 米长，188 米宽，85 米高，四壁挂满了钟乳石幔，将其装点得象豪华的宫殿。洞内有一根巨大的石柱，高 18.6 米，直径 6 米，尤为奇特。

卡尔斯巴德洞窟的另一壮观景象是栖息在洞窟里上百万只的蝙蝠。每到黄昏来临，蝙蝠从那昏暗的洞窟中倾巢出动，遮天盖地，场面之大令人瞠目结舌。

↑卡尔斯巴德洞窟内美丽壮观的钟乳石

↑巨大的石柱，形状十分奇特。

图书在版编目(CIP)数据

中外秘境玄奇/ 郭漫主编. —北京: 航空工业出版社,
2010.4(2022.1 重印)
ISBN 978-7-80243-482-0

Ⅰ. 中… Ⅱ.郭… Ⅲ.科学知识—青年读物 Ⅳ.Z228.2

中国版本图书馆 CIP 数据核字 (2010) 第 059256 号

中外秘境玄奇
Zhongwai Mijing Xuanqi

航空工业出版社出版发行
(北京市安定门外小关东里 14 号 100029)
发行部电话:010-64815521 010-64978486

三河市燕春印务有限公司印刷　　　全国各地新华书店经售
2010 年 4 月第 1 版　　　　　　2022 年 1 月第 3 次印刷
开本:787×1092 1/16　　　　　印张:12 字数:280 千字
印数:17001—22000　　　　　　　　　　定价:48.00 元

部分图片由于无法与原作者联系,稿酬未能寄达,敬请谅解! 请及时与我们联络。

如有印装质量问题,我社负责调换。